美　丽　中　国

纪实频道

镜头中的国家地理

山中的乾坤

真实传媒　金牛影视　合著

上海科学技术文献出版社
Shanghai Scientific and Technological Literature Press

图书在版编目（CIP）数据

镜头中的国家地理：山中的乾坤 / 真实传媒，金牛影视合著．—上海：上海科学技术文献出版社，2014.8
（镜头中的国家地理·美丽中国）
ISBN 978-7-5439-6293-4

Ⅰ．① 镜… Ⅱ．①真…②金… Ⅲ．①山—介绍—中国 Ⅳ．① K928.3

中国版本图书馆 CIP 数据核字（2014）第 131309 号

责任编辑：张　树
封面设计：许　菲

镜头中的国家地理·山中的乾坤
真实传媒　金牛影视　合著
出版发行：上海科学技术文献出版社
地　　址：上海市长乐路 746 号
邮政编码：200040
经　　销：全国新华书店
印　　刷：上海华业装潢印刷厂有限公司
开　　本：650×900　1/16
印　　张：14
版　　次：2014 年 8 月第 1 版　2014 年 8 月第 1 次印刷
印　　数：1-4 300
书　　号：ISBN 978-7-5439-6293-4
定　　价：39.80 元
http://www.sstlp.com

目录

渡
斜日橘林秋

陆巷古村
——江南第一古村

在苏州洞庭东山一隅，坐落着一处千年古村，至今依然基本保持着明朝的村落布局，明朝建筑数量居江南古村之首。明清时期，这里名人辈出、宅地兴旺。

这个古老的村子，就是有着“江南第一古村”美誉的吴中区东山镇西侧的陆巷村。

人才辈出的这个山村，值得写的东西实在太多太多，光是一座惠和堂就能写上一部书，因为那里出过明朝宰相，出过抗战英雄，还拍摄过《橘子红了》……

“陆巷古村”位于太湖之滨，距离苏州东山镇约 12 千米。村子靠着

> 陆巷古村全景

> 王鏊

“莫厘峰”，山上橘树环伺，西临浩瀚的太湖，风景如画美不胜收。

相传，古村自南宋以来便渐成规模，到了明清时期更是繁荣之极。目前的陆巷，大约有保存完好的明清建筑三十余处。这些宅邸顺应地形，随高就低，交错穿插，极具历史和艺术价值，外观上简洁而造型精巧，厅堂色调雅素明净，门楼砖雕精美，具有鲜明的明清建筑风格。相传皆为苏州“香山帮”建筑的经典之作。

元明清时期，陆巷人开始不满足于偏安山村的生活，纷纷走南闯北，读书经商，陆巷村也因此走向兴旺。其中，村里最著名的家族当数王氏。

王氏始祖出过四代武将，其中有一位千七将军，三个儿子分别叫万六将军、万七将军、万八将军。王家何时定居陆巷说法不一，能够肯定的是，明朝宰相王鏊就出生在这里，村里的惠和堂，就是他的故居所在地。

王鏊生活于明朝中期。当时，东山跟西山一样，是太湖中的岛屿，陆巷村更是荒僻。在这样的山村里，要想求学可不是件容易的事。因此，很长一段时间里，当地一直缺少读书的氛围。明朝开国皇帝朱元璋、第三任皇帝朱棣都性格反复无常、心狠手辣，做官的人往往遭遇不测，许多人对读书、参加科举考试十分抵触。

就在这样的情况下，王鏊的祖父王惟道却非常重视教育，培养王鏊的父亲王琬（字朝用）读书，成为秀才。到了王鏊这一代，王家彻底来了个“书包翻身”。

25 岁的时候王鏊参加举人考试，一举考中第一名（解元），第二年参加会试，又中了会元（会试第一名），殿试时据说许多考官都推他为状元，但主考官硬是找了个借口，把他定为一甲第三名——探花，结果王鏊跟“连中三元”没了缘分。

主考官为什么要压制王鏊？原来，这一科的主考官商辂是明朝开国以来第一个“三元”，怕王鏊中状元后跟自己并列“三元”，抢去风头，于是借故

> 王鏊故居

> 怀古堂

将王鏊定为第三名。按照明代科举惯例，主考官按对策名次的先后排列，呈送皇帝最终画圈钦点，一甲第一名状元，第二名榜眼，第三名探花。皇帝点状元大都只是做做形式而已。

考进士没中第一，王鏊做官还是做到了最高级。他为人正直，品德端庄，曾劝皇帝勤政，反对太监专权，在刘瑾迫害朝廷官员时，他多次挺身而出，当面斥责刘瑾，深受后人敬仰。正德元年至四年（1506—1509 年），他担任了文渊阁大学士、武英殿大学士（相当于宰相，又称阁老）职务。因此，唐伯虎称他"海内文章第一，山中宰相无双"。

王鏊之后，陆巷王氏家族人才辈出，明清时期先后出了 1 位状元（王世琛）、10 名进士、17 名举人，现当代则涌现出王守武、王守觉等中科院院士和数十位知名教授。许多王氏子孙虽然已迁居外地甚至海外，但仍不忘陆巷故里，陆巷也因此而名扬四海。

陆巷古村内的"惠和堂"便是王鏊的故居。古宅占地面积约为五千平方米，共有厅、堂、楼、库、房等一百〇四间，建筑面积约两千多平方米。该堂可分东、中、西三路建筑，中路依次有轿厅、大厅、住楼及后园。东、西两路有花厅、客厅、书楼、住楼等，其间有备弄相通，天井相隔，布局合理，功能分明。中路厅堂宽敞，上施草架，用料粗壮，大部分梁柱为楠木。西路书楼，面阔五间。书楼前有影壁，通体细砖贴面，上部横嵌有长条形的砖雕，镌刻着"九狮"、"花鸟"浮雕图案，影壁中央嵌有圆形的"丹凤朝阳"图案。刻工极为精细、刀法圆浑，且有明代砖雕的风格。瓦、砖、梁、柱也均有与主人“宰相”身份相对应的雕绘图案。

遂高堂，是明朝隐士王铨的住宅。王铨，字秉之，东山人，是王鏊之弟。曾被选为杭州府官员，但他不愿做官。在京任户部尚书的王鏊致辞给他，支持他的想法。因该词中有“输与伊人一着高”之句，王铨遂将自己的宅第命名“遂高堂”。遂高堂大厅面阔五间（17.1 米），进深 8.2 米。厅内方砖铺地。明间内四界梁架抬梁式，前轩后廊。厅内木构架及走马板上有以包袱绵与折技花为主的彩画，色调有金、红、黑、白，图案较粗放。王铨是明正德嘉靖年间人，因此，他营建的遂高堂是一处有确切纪年的明朝中期建筑。在古建筑断代学上具有标准建筑的作用。

古村主街中段北侧耸立着三座石牌坊，前后相瞩，并肩接踵，十分宏

> 太湖佳景

> 古村民居极具艺术价值

> 古村民居

伟。牌坊是春秋战国时期市门里坊演化发展而成的一种传统建筑式样。宋代的名人门庭已出现了带有楼檐的石质门坊。明清时期深孚众望的名门望族在官道旁均建有牌坊，以示显赫荣耀。牌坊的种类极多，其内容一般均与“忠、孝、节、义”有关。这三座石牌坊是明代户部尚书、文渊阁大学士王鏊及其后人在故里建造的三座功名坊。三座牌坊气势雄伟，巍然嵌立在古村的街道旁。这种石头砌筑的建筑，不仅记载了王鏊功名的不朽，也为古村构成了独特的人文景观。

叶氏也是陆巷的一个大族，历史上也曾人才辈出。他们的祖先叶梦得是宋朝词人，担任过翰林学士、户部尚书，曾寓居陆巷村，村里已经整修一新的宝俭堂，据说就是他的故居。叶氏子孙中也出了二十多位进士、举人。

清朝道光前后，叶梦得的一个子孙买下了王鏊故居。抗战时期，出生在这户叶姓人家的叶云乔忍痛驾机避无辜，受到人们的赞扬，叶云乔也因此而成为当时家喻户晓的抗战英雄。

1937 年 8 月 14 日，中国空军在上海上空与日军交战，主攻目标是空中的日机和黄浦江上的敌舰，毕业于杭州笕桥空校的叶云乔也参与了这场战斗。中国空军冒着敌人密集的炮火，顽强作战，击落了多架日机，还击沉了江面上的部分日舰。

疯狂的日寇调集几十架飞机围攻中国空军，叶云乔驾驶的飞机被敌机击中，浓烟直冒，他的腿部也多处受伤，鲜血直流。

> 厅堂色调雅素宁静

> 凝固在历史长河中的陆巷古村

> 明清古巷

眼看飞机就要坠毁，但叶云乔知道，飞机上还有许多没投完的炸弹，如果连机带弹掉下去，繁华的上海市区将成为一片废墟，导致大量无辜居民死伤，于是他强忍伤痛，驾着熊熊燃烧的飞机飞到郊外，才跳伞逃生。被送到医院后，他还念念不忘早日重上蓝天，抗击日寇。

伤愈后，叶云乔先后在兰州、昆明空军航校任教官。抗战胜利后，国民政府授予叶云乔空军少校军衔。退役后，叶云乔偕家人到美国旧金山安度晚年。让人敬佩的是，叶云乔虽然身在美国，却心向祖国，时刻思念家乡，始终不愿加入美国籍。

精美的建筑佐证着“陆巷古村”的人杰地灵，村里筑有六条直通湖畔的巷弄。

走在这些古老的巷子里，仿佛走进了陆巷悠远的历史长廊之中。

古村背山面湖，橘林葱郁，面积 35 万平方米，人口 2 400 人，保留着一街（紫石街）、六巷（文宁巷、康庄巷、韩家巷、姜家巷、旗杆巷、固西巷）、三港（寒山港、陆巷港、蒋湾港）为构架的明代村落格局。

古村自王鏊而后，明、清两代名人辈出，使这个仅有百户的山村，巨宅鳞比，牌坊相接，其道路之修整，屋宇之恢宏，冠于江南。

古村内原有明清时期厅堂 72 处，目前仍有明代建筑 19 处，数量居江南古村之首；清代到民国时期建筑 25 处。这些古建筑的类型包括祠堂、牌坊、客栈、宅第、民居及公共消防用房等。

陆巷古村形成于南宋时期。当时金兵南侵，宋高宗赵构逃到杭州，成立南宋小朝廷，跟随赵构南迁的家族很多，其中许多人最后都定居在东山、西山，仅定居陆巷村的就有姜家、宋家、金家、叶家等家族，陆巷因此成为村落。

与许多南迁家族一样，最早定居陆巷村的家族，男主人大多是武将出身。当地世代相传，文官家庭用方头铁钉固定方砖；使用圆头铁钉固定的都是武将或武士人家，这些圆头铁钉就像武将铠甲上的“鳞片”。

> 陆巷古村民居古朴清雅

春天的陆巷就如美人出浴般令人动情。村后的山上，一垄垄碧螺春掩映在一排排果树之间，青翠欲滴的茶蓬与浓阴如伞的果林相亲相爱，花吸果香，在太湖的怀抱氤氲里呈现出春色无限。在碧螺春原产地的自然山水间品茗碧螺春茶，那是至尊至纯的享受。贵为贡茶的它，小小的一盅泡出了几许神秘，冲开了多少漫长岁月的繁衍不息。

从村北的寒谷山往下望，古村景致一览无余。若遇上绵绵细雨，粉墙黛瓦的陆巷古村，在花红树绿中，在蒙蒙的烟岚里，若隐若现……

山的另一面有座太湖小岛，名为北箭壶岛，岛上芦苇丛生，野趣盎然。由于张艺谋、巩俐在此拍摄电影《摇啊摇，摇到外婆桥》而名声大振，村民亲切地叫它巩俐岛。历史就是这样造就的，多年以后，也许这里将会流传更多的故事。

陆巷是古老的，也是美丽的。“寒山落照”是东山八景之一，说的是陆巷北端寒山岭傍晚的景色。每当傍晚，寒山岭上暮霭与炊烟交融，在夕阳余晖的映照下，古村宛如披上了一层飘拂的轻纱，具有无限的诗情画意。寒山又是观望太湖胜景的绝好之地，登临其上，远山近水尽收眼底，浩瀚的太湖波涛滚滚，群岛浮立，若隐若现，渔帆点点，水鸟飞翔。远山逶迤，山峦连绵。每逢金秋时节，山坡上橘树成林，翠绿丛中，红橘点点；银杏老树，果实累累，古村老屋掩映在果林老树之中，此情此景令人陶醉。

东山雕花楼

——江南第一楼

苏州西南 40 千米的东山，景点颇多，最著名的当推位于东山镇西侧的“雕花楼”。在富庶的江南，从来就是亭台楼阁的故里，旧时的大户、官宦人家在祖地造上四五十间房子不足为奇。

到了 20 世纪 20 年代，又一座大宅的落成让这一切都成了过眼烟云……这座大宅，便是声震江南的“东山雕花楼”，人称“江南第一楼”。

“雕花楼”地处洞庭东山、太湖之滨，位于苏州市西南约 45 千米的地方。

“雕花楼”原名“春在楼”，因大门朝东而开，取“向阳门第春常在”之意。古语云，“无雕不成屋，有刻斯为贵”，故而雕花楼是一个无处不雕、无处不刻的雕刻世界。在乡里民间人们因此又称之为 “雕刻大楼”。

东山雕花楼是在上海做棉纱生意发了财的金锡之、金植之兄弟为孝敬母亲而建造的一座豪宅。金锡之，东山人，曾是上海滩的商业大亨。当年他卖掉了上海的小洋楼，共换得黄金三千多两，然后全数投入老家建造雕花楼，工程自 1922 年开工，直至 1925 年竣工。完工后的雕花楼，拥有大小房屋上百间，占地面积五千多平方米。

相传，这些作品大都是出于香山建筑艺人周云龙之手，是 20 世纪 20 年代香山帮的典型作品，堪称一座东方建筑的博物馆。

雕花楼坐西朝东，占地 2 亩，外面被一道二十多米高的黑色风火墙护住，两侧夹以徽派的马头墙，使东山雕花楼远远看去，像一座神秘的城堡。地面上是用彩石铺的一个大花瓶，里面插着 3 支戟，取“平升三级”之意。大门对面是一堵曲尺照墙，上有砖雕“鸿禧”二字，比喻出门见喜。两扇漆黑大门上的青铜雕饰拉手称为金雕，由菊花瓣、如意和 6 枚古钱币形组成，寓意伸手有钱。

身临其境，满目精致、精彩的雕刻，令人拍案叫绝。砖雕、木雕、金雕、石雕，雕刻形式种种；浮雕、圆雕、透雕、阴阳雕，雕刻手法多样。雕花楼集建筑、雕刻、工艺、文化为一体，具有极高的艺术品位。春在楼是整幢大楼的主体建筑，厅内有金雕、砖雕、石雕、木雕，其分布密度堪称天下之最。而据专家鉴赏，雕刻艺术价值最高的是正对着春在楼的砖雕门楼。中国人都讲究门面，这门楼正如主人的脸，怎么能不讲究？

正面门楼的砖雕分三层，中坊是“天锡纯嘏”4 个大字，寓意天赐洪福，左右兜肚雕的是《三国演义》古城相会和古城释疑的故事，寓意忠孝仁义；门楼面额十几块磨方砖土雕刻着十余组戏文图案；门楼上枋、中枋、下枋，饰以浮雕、圆雕、透雕相结合的灵芝、牡丹、石榴、佛手、菊花、兰花、祥云等，喻为“寿”“禄”“福”“贤”“德”。另有两条垂脊塑“天官赐福”一对，戗角吞头塑“鲤鱼跳龙门”。

进了大门，回头继续看门楼上的砖雕，比正面更繁复更精彩。与“天锡纯嘏”相对应，这边中坊写的是“聿修厥德”4 字，为清代书法家尹立勋所题，意为修行积德，左右兜肚雕的是尧舜禅让和文王访贤的故事，寓意德与贤；上坊是王母娘娘做蟠桃盛会，八仙庆寿的场面，取“寿”的意思；接下来一栏雕了 10 只梅花鹿，既有“十全十美”又有“禄”的意思；下坊是唐朝大将郭子仪做寿，他的 7 个儿子 8 个女婿前来贺寿的场面，多子多福，取“福”的意思。再加上顶脊正中的聚宝盆，门楣上方的双喜字，合在一起，就占全了“福、禄、寿、喜、

> 具有江南味道的雕饰

> 江南马头墙

> 东山雕花楼内景

> 太湖之滨的东山雕花楼

> 雕花楼中的一扇门

> 楼内布景极具江南意境

财”5 个字。

在不足 3 平方米范围内，雕刻的内容如此广泛而又和谐统一，且造型古朴，结构严谨，雕工精湛，至今仍保存完好的作品，实为少见。

单是这一座砖雕门楼，就花了 3 500 块银圆，据说当时金锡之一听报价也急了，说：“太不像话了！”其实，一切才刚刚开始。为了雕琢美、堆砌美，大把大把的银圆继续源源不断地花出去了。

欣赏完砖雕门楼，转过身来便是雕花楼前楼大厅。先别急着往里走，且看大厅的门窗，雕的是“怀橘奉母”、“戏彩娱亲”等二十四孝图和“囊萤夜读”、“道途磨杵”等励志故事。门槛上嵌有蝙蝠形的销眼，叫做“脚踏有福”。踏着福迈进前楼大厅，这是整幢雕花楼的主厅，称为凤凰厅，因为厅内总共雕了 172 只凤凰，也就是 86 对，当地方言，“八六”与“百乐”是谐音，寓意百年快乐；4 根厅柱上端雕有 4 副乌纱帽的帽翅，象征“回头有官”，所以又叫官帽厅。大厅包头梁上的黄杨木雕，叙述的是“桃园结义”、“三英战吕布”、“三顾茅庐”等 48 个三国演义的故事，画面着力刻画武战人物大气磅礴的气势和威严勇武的神态，惟妙惟肖，十分耐看。大厅沿廊饰有 20 只花篮，分别雕有春兰、秋菊、夏荷、冬梅四季花卉。

门楼南侧的砖雕“锦鸡荷花”，寓意“挥金护邻”；北侧砖雕“凤穿牡丹”，寓意“富贵双全”；门楼两边围墙高处辟有四孔漏窗，雕刻的是纤丝、瑞芝、藤景、祥云，寓意“福寿绵长”。围墙用板瓦筑“百花脊”、“果子脊”，寓意“花开四季，富贵长春，百果结子，多子多孙”。主楼大厅雕刻浩繁，所有梁、柱、窗、栅上的“木雕”给人以艺术享受。包头梁的三个平面都有黄杨木雕《三国演义》中的故事“桃园结义”、“空城计”等 48 幅。大厅两侧窗框上雕着“咬指心痛”、“拾椹供母”等二十四孝组图。

> 雕花楼内室

> 雕花楼原名“春在楼”

> 雕花楼内卧室

大厅左右书房里的 12 扇半窗和 8 扇长窗的裙板及夹堂板上刻有“对日远近”、“随月读书”等古人苦读、少年登科的故事。大楼北侧 300 平方米的小花园中“石雕”点缀得疏密有致。一组假山依墙而筑，盘旋曲折，十二生肖及骆驼、狗熊、大象、狮子等动物，栩栩如生，活龙活现。

雕花楼的二楼是客厅、书房和卧室。有老爷房、少爷房、小姐房等，既有清末风格的红木雕花床，又有民国初期的沙发等时髦家具，客厅中央挂着一块匾“春在楼”，这是雕花楼的原名。在二楼的后楼，有一窄窄的楼梯通往三楼。这是雕花楼的一个结构特色，叫明二楼暗三楼。因为三楼比二楼缩进二檩，加上两侧山墙和风火墙的遮掩，人站在楼外或者天井中，根本看不到三楼，三楼正是主人躲避战乱和匪寇骚扰而建造的栖身藏宝之所。当年太湖强盗三次抢劫雕花楼，都未发现这条暗道的奥秘。二楼除了做工精巧的红木雕花家具外，大梁上的彩绘万年青聚宝盆、少爷书房窗子上从西洋进口的彩色玻璃也颇有特色。

雕花楼也有很多体现闲情逸致的地方。比如从三楼下来，后半进可通外面一个小阳台，台上有观山亭，上写：“青山无奈露真容，绿水有意藏幽姿”，站在这里，东山的景致尽收眼底。楼北侧有一座小花园，小桥荷塘、亭台楼阁一应俱全，还有一棵江南难得一见的孩儿莲，有 300 年的树龄了，花儿小若指甲，形状如莲，花色红润似孩儿脸，故称孩儿莲。

雕花楼的花园空间不大，采用“多方胜境，咫尺山林”的借景手法，曲桥、

> 雕花楼内阳台与走廊

> 琼宫仙府

> 雕花楼内小花园

> 雕花楼的曲折回廊

半亭、假山、长廊及四季古树名木，在花园内应有尽有，再现了江南园林宛若天成的意境。

人们进了雕花楼，就像进了神话中的琼宫仙府，目不暇接。据考证，在这所宅院的各类雕刻中，共包含了 157 则故事。

比如门楼，上部“八仙庆寿”，是王母设“蟠桃盛会”的故事；中间浮雕“鹿十景”，谐音同“禄”字，意为“高官厚禄”；下部雕“郭子仪大寿”的典故；中间字牌“聿修厥德”是清末书法家尹立勋所题，寓意主人有今天是修心积德的结果。

将近一个世纪过去了，坊间的“进门有宝、伸手有钱、脚踏有福、抬头有寿、回头有官、出门有喜”无疑是对“东山雕花楼”最为真切的注解了。

如今雕花楼外花园辟出了原汁原味的百树园、水榭轩、古方亭、古石广场等园林水榭与休闲设施，占地面积扩大了 1 倍。东山所有的果树，在这里都种全了。5 000 平方米的园林里，除保留原有近百棵百年树龄的古银杏树，还扩种移栽了枇杷、杨梅、板栗、红橘、柿子、枣子、石榴等当地特色果树。

新建的园林与当年造园的想法不谋而合，园中台阶石条、花径方亭高低起伏，水榭走廊给人以“曲径通幽”的感觉。

诸葛八卦村
——山中的乾坤

在我国 5 000 年的文化历史长河中，涌现了无数的名将良相，诸葛亮无疑是个灿若星汉的名字。

他的声名远播四方，甚至在浙西群山中的一座古村，也因诸葛亮的名号而变得耐人寻味起来。这，就是有“华夏第一奇村”称号的诸葛八卦村。

据说，诸葛八卦村是中国第一奇村，它至少有三奇：

首先，奇在全村绝大多数村民都是一千七百多年前蜀国宰相诸葛亮的后代。换句话说，满村的人几乎全是姓诸葛，或是嫁到诸葛家的妇女，只有极少数不是诸葛家族的成员。

其次，这个村还奇在它的布局精巧玄妙，从高空俯视，全村呈八卦形，房屋、街巷的分布走向恰好与历史上的诸葛亮九宫八卦阵暗合。

第三，这里完整保存了大量元明清三代的古建筑与文物（最久远的距今

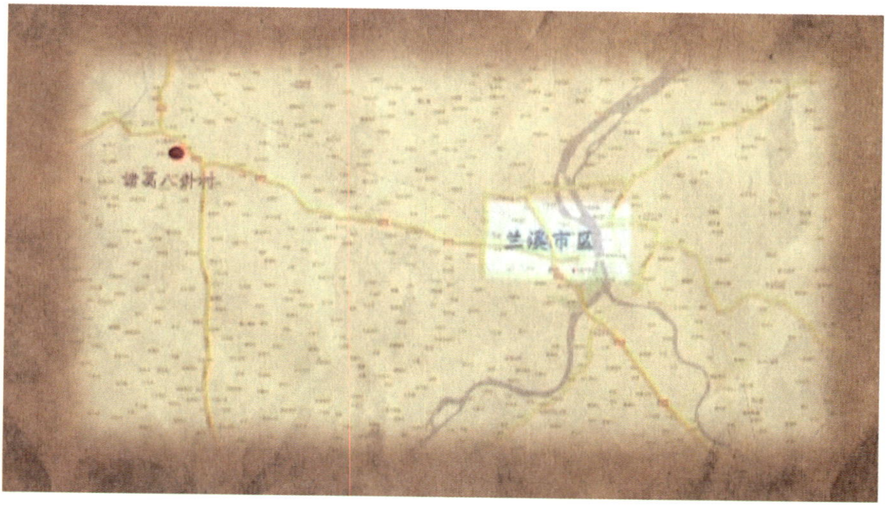

> 八卦村地理位置

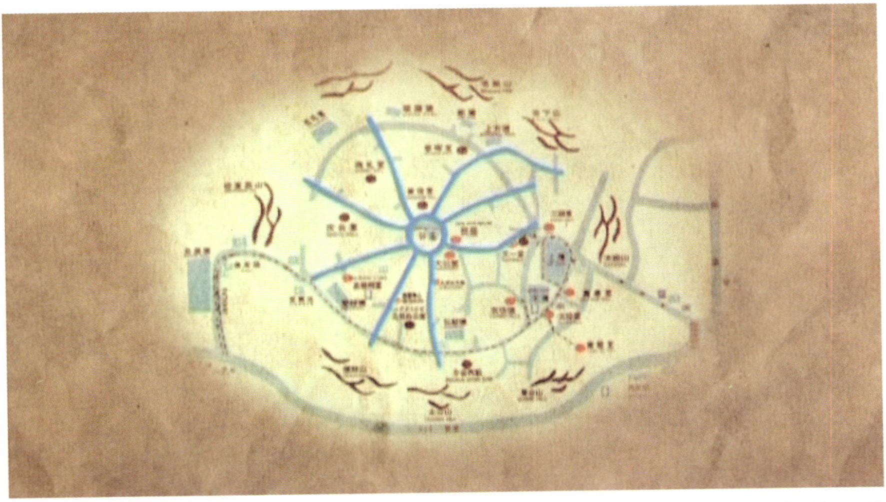

> 八卦村地图

七百余年)。七百多年来的朝代更替、社会动乱、战火纷飞,不知多少中国名楼古刹、园林台阁,或焚于战火,或毁于天灾,但这座大村庄却像个世外桃源,远离战火,避过天灾,躲过人祸。

诸葛八卦村,位于浙江省中西部地区的兰溪市境内,距兰溪市区 17 千米。离黄山不远,距千岛湖只有 40 分钟车程。它之所以被冠以“诸葛”的名号是因为该村乃是由诸葛亮第 27 世孙——诸葛大狮于元代开始营建的,至今已有八百余年的历史。村子原名——高隆村,据说也是取自诸葛亮“高卧隆中”之意。诸葛亮原籍是琅琊阳都(今山东沂南),他当宰相的蜀国在今四川,离浙江兰溪有千里远,他的后人怎么会跑到这里聚居与繁衍呢?

> 诸葛亮的后人——诸葛大狮

据历史记载,诸葛亮的第十四世孙诸葛利在浙江寿昌县任县令,死在寿昌。他是浙江诸葛氏的始祖。诸葛利的儿子诸葛青于北宋天禧二年（1018）迁居兰溪，诸葛青的一个儿子诸葛承载在兰溪传了十代，到诸葛大狮举家迁到高隆（即现在的诸葛八卦村）那是元代中期，约在公元1340年前后。

诸葛亮的后代，以诸葛承载这一系人丁最旺，其中一个原因是这一系诸葛家族秉承先祖诸葛亮的教导，“不为良相，便为良医”，他们精心经营中医药业，所制良药畅销大江南北，当然，财富也积累不少。现在诸葛村的大经堂（中药展览馆），便是诸葛承载家族在中医药业方面所取得的成就的集中展示。

整个村子以村中心的“钟池”为圆点，这口钟池非常奇妙，人们无论洗衣、洗头还是洗菜、洗水果，都用这池子里的水，数百年来一直如此，也不曾听说谁因此而得病。它的半边有水，半边为陆，形态如九宫八卦图中的太极图案，周边八条小巷通向村子四面八方，使村中的所有民居自然归入“乾、坤、坎、离、震、巽、艮、兑”八个部位，构成了一个内八卦。而在村外，又有八

> 形似太极图的钟池

> 俯瞰八卦村

座小山将整个村落环抱，恰似一个外八卦。内外结合，可谓海内仅有。

诸葛八卦村为何如此布局？迄今为止说法不一。有人认为这是对诸葛亮“八阵图”的模仿，是对祖先的一种纪念；还有人推测，如此布局是出于消防的考虑，以钟池为中心向四周扩散，取水救火都是走的直线，十分便捷。

诸葛八卦村布局奇妙，有如迷宫。这样的布局还具有防卫功能。

1925 年北伐战争期间，南方国民革命军肖劲光的部队与军阀孙传芳部队在诸葛村附近激战三天，竟然没有子弹炮弹落入村子，整个村庄完好无损。

抗战时期，一队日军从村外高隆岗大道经过，竟然没有发现这个村庄。唯一的一次是日军飞机投弹，炸毁村里一所房子。

村中建筑，面面相对，背背相依，巷道纵横，似通却闭。外人贸然进村，如果没有熟人带路，往往进得出不得。据说，曾有盗贼混入，找不到出路，结果束手就擒。

除了布局，聪慧的诸葛后人们在生活中也体现出一些小智慧。比如村子里相对的两户人家大门却并不相对，全是错开。村里人管这种格局叫“门不当，户不对”。因为对门的两户人家每天进出，难免互相影响，甚至产生矛盾，而一旦错开便能将这种影响和干扰降至最低。

“青砖小瓦马头墙，肥梁胖柱小闺房”，这是人们对八卦村建筑的赞誉。目前，全村保存下来的明清古建筑达二百余间，村落布局结构清楚，厅堂、民居型制多，质量高，宗祠的规模宏大、结构独特，各种建筑的木雕、砖雕、石雕工艺精湛，建筑豪华，结构丰富，古建筑总面积达 6 万多平方米，村内地形跌宕起伏，古建筑群布局合理，连绵起伏。专家学者们称其为“江南传统古村落、古民居典范”，是目前全国保护得最好、群体最大、型制最齐、文化内涵很深厚的一个古村落。1996 年诸葛村被国务院列为全国重点文物保护单位。

这其中，最具代表性的是镇中的祠堂建筑。据说，极盛时村中有各类祠

> 鳞次栉比的马头墙

> 八卦村的清朝民居

> 清朝建筑风格的代表——祠堂

> 大公堂

堂十八处，大多雕梁画栋，工艺精湛。现存的大公堂、丞相祠堂便是其中的佼佼者。

大公堂是村中供奉诸葛亮的最大祠堂，位于村中心，坐北朝南。大公堂为三进两明堂，大门两侧墙上书有“忠”、“武”两个大字。因为诸葛亮去世后，后主曾称诸葛亮为忠武侯，此景突出了这一特点。

堂内悬挂着“三顾茅庐”、“舌战群儒”、“七擒孟获”、“草船借箭”、“空城计”、“巧布八阵图”、“白帝城托孤”、“借东风”8幅油画。目睹这些生动传神、栩栩如生的油画，让人仿佛又一次“走进”当年的场景中，思绪飞扬，更为赞叹诸葛亮的用兵如神、聪明才智。

在大厅内太师壁上写着诸葛亮临终那一年写给儿子诸葛瞻的《诫子书》：“夫君子之行，静以修身，俭以养德。非淡泊无以明志，非宁静无以致远……”据说后世子孙皆以此书教育晚辈。

丞相祠堂也是为纪念诸葛亮而修建的，与大公堂相距百米，面积1 400平方米。坐东朝西，平面按“回”字形布局，有屋52间，由门厅、中庭、庑廊、钟鼓楼和享堂组成，古朴浑厚，气势非凡。祠堂雕梁画栋，门窗栏杆等部件均雕刻精细，美不胜收。中庭是祠堂最精彩的部分，中间四根合抱大柱，选用上好的松、柏、桐、椿四种木料制成，取“松柏同春”之意，祈求家族世代兴旺。中庭两边庑廊各 7 间，塑诸葛后裔中的杰出人士，用来激励诸葛子孙们奋发向上，成就一番事业。从庑廊拾级而上，两旁分列钟、鼓二楼。祠堂最后是享堂，中塑诸葛亮像，高 2 米余，两侧分侍诸葛瞻、诸葛尚及关兴、张苞像，气韵生动，呼之欲出。堂内有诸多精致的木雕和案几等古物，两侧有钟鼓，藻井上雕着 9 只木狮子，隐喻九世同堂。据说，如今村中从四十六世孙到五十五世孙都有，已然是九世同堂。

诸葛村的诸葛亮后人们继承了诸葛亮“乐躬耕于陇亩兮，吾爱吾庐”的耕读传家精神，淡泊明志，宁静致远，在岁月的变迁中，孕育出了浓郁的乡土耕读文化，成为文人辈出、科第蝉联的名门望族。同时诸葛亮后裔遵从先祖“不为良相、便为良医”的族训，识草用药，学医用药者甚众。明清至民国期间在全国开有二百多家药店，称雄江南数百年之久。

村中有一座楼，门前牌匾特殊，上有“圣旨”，稍下的位置悬挂着“敕旌

> 丞相祠

> 八卦村茶馆

尚义之门”，那是公元1439年，诸葛村中一个叫诸葛彦祥的富户捐谷1万多石以赈灾年，受到当时的明英宗嘉奖，并御赐了这块金匾。

此外，村内的大经堂（中医药展览馆）、生草药园、民俗展览室等，都能令你开眼界、长知识。

自旅游开放以来，诸葛村投巨资对古村落进行了保护和整治，以其原汁原味的神秘文化和文物古迹引来无数海内外游客。慕名而来的中外游客徜徉在沧桑的青砖、黛瓦间，沉醉于古朴醇厚的民风里，世俗喧嚣悄然而去，思古悠情油然而生。

诸葛八卦村有很多富有特色的名菜、名点、小吃，都是诸葛后裔用来接待贵宾的一种盛品。目前诸葛菜系已经开发了数十种风味，如冷碟四道、农家土鸡煲、行军菜焖肉、七擒孟获、气煞周瑜、八卦煎饼、周瑜打黄盖、火烧赤壁、桃园结义、空城计、时令野菜、大仙菜、武侯蹄髈、阴阳太极羹、草船借箭、武侯馒首等等。

诸葛八卦村古商业街的酥饼，采用霉干菜猪肉馅，外酥内香，吃过之后口齿留香。商业街上卖的金丝蜜枣也很不错。制作时选用本地优质大青枣，枣身用刀细切丝缕，用桂花白糖或蜂蜜熬煎、烘焙而成。当地所产蜜枣色泽金黄，缕纹如丝，形似琥珀，宝光熠熠，质地糯软，味道甜美，色、香、味、形全优，可作招待宾客、馈赠亲友之上等礼品。另外商业街上各色小炒、小笼包子、炒面、鸡子馃、孔明烧饼等也不错，各种小吃都价廉物美。

孔明锁是诸葛孔明根据八卦玄学的原理发明的一种智力玩具，选用古香樟木手工制作而成。孔明锁由6块木头组装而成，看上去简单，其实内涵丰富，奥妙无穷，对放松身心、开发大脑均有好处。到诸葛八卦村游玩，能目睹制作孔明锁的全过程。

扇字从“羽”，最早的扇子由羽毛制成，在殷商时代已有，那时代表着权力；而诸葛亮手中的鹅毛扇，则代表着智慧与才干。诸葛村的诸葛亮后裔们一直以“孔明扇”表示吉祥和美好的愿望。

孔明灯又叫天灯，相传是由诸葛亮所发明。当年，诸葛孔明被司马懿围困于平阳，无法派兵出城求救。孔明算准风向，制成会飘浮的纸灯笼，系上求救的讯息，其后果然脱险，于是后世就称这种灯笼为孔明灯。另一种说法则是这种灯笼的外形像诸葛孔明戴的帽子，因而得名。

诸葛八卦村每年有两个最重要的日子，那就是农历四月十四日诸葛亮的诞辰，及八月二十八日诸葛亮的忌日，在这两个大日子，全村人都要参加隆重的祭祖大典，配合大典还要举办热火朝天的庙会及请戏班来演戏。

全村人都要牢记先祖《诫子书》的教导。因此，诸葛村的民风淳朴，村民说：这里可以夜不闭户、路不拾遗。

诸葛八卦村的村貌奇美，徜徉在街道上，那古香古色的建筑风格，让你得到极佳的审美享受。白粉墙上苏式青灰磨砖的雕花门楼，与披檐木门相映成趣。不少人家拥有花园、假山石，花红草绿，曲径通幽。

漫步在颇具文化古韵的村落中，欣赏着融古建筑、木雕、书法绘画为一体的艺术佳作，犹如走入立体的画卷之中，真是美极了。

穿行在村中狭窄的弄巷里，所见各家各户门上的对联不似常见的长条形，而是长方形，所写内容都与诸葛孔明有关，如："鞠躬尽瘁扶汉室，淡泊宁静传家风"，"名垂宇宙出师表，家传祖训诫子书"等。

村中有看相算卦之人，亦有悬壶济世之辈，还有金石书法行家，都给人留下民风淳朴、诗书传家的深刻印象。

多少年前，杜甫的一句"功盖三分国，名成八阵图"就像一声千年的叹息。而如今的人们走进诸葛八卦村之时，这叹息似在耳畔，透过幽深的古巷，不禁让人觉得恍若隔世。

西递宏村
——黄山脚下的徽派古村

在中国荣获世界文化遗产名录的景区景点不少，但以“古民居村落”命名的却不多见，而位于安徽省黟县东北部的皖南西递、宏村古村落，却以其独特的文化内涵获此殊荣。

徽派古村是我国古建筑群体中重要的流派之一，民居、祠堂和牌坊被称为徽派建筑“三绝”。因而，散落在徽州地区的大小村落，被世人冠以“桃花源里人家”的美名。

如今的安徽省南部被称为“古徽州地区”，黄山脚下的黟县，曾是古徽州六县之一。

黟县，以中低山为主的丘陵山区，境内山峦起伏，山势由东北向西南方向延伸，海拔高度在800~1 000米。全县方圆857平方千米，是古徽州地区面积最小却是历史最悠久的县之一。

这里的徽派建筑以马头墙、小青瓦最有特色，并且善于运用雕刻艺术，使建筑显得富丽堂皇。

黟县的西递古村坐落于黄山南麓，是黄山市最具代表性的古民居旅游景点。历史上因位于徽州之西，曾设“铺递所”，故名为西递。西递村是一处以宗族血缘关系为纽带、胡姓聚族而居的古村落，该村源于公元11世纪，发展鼎盛于14—19世纪。20世纪初，随着我国封建宗法制度的解体，西递村的发展也日趋缓慢。由于历史上较少受到战乱的侵袭，也未受到经济发展的冲击，村落原始形态保存完好，始终保持着历史发展的真实性和完整性。

该村东西长700米，南北宽300米，居民三百余户，人口一千余人。占地16公顷，整体呈船形，可谓精巧。

西递四面环山，两条溪流从村北、村东经过村落在村南会源桥汇聚。村

> 安徽黟县

落以一条纵向的街道和两条沿溪的道路为主要骨架，构成东向为主、向南北延伸的村落街巷系统。黟县所有街巷均以青石铺地，古建筑多为木结构、砖墙维护，木雕、石雕、砖雕丰富多彩，巷道和建筑的设计布局协调。村落空间变化灵活，建筑色调朴素淡雅，是中国徽派建筑艺术的典型代表。

> 胡文光刺史牌坊

据史料记载，西递村始祖为唐昭宗李晔之子，因遭变乱，逃匿民间，改为胡姓，繁衍生息，形成聚居村落。故自古文风昌盛，到明清年间，一部分读书人弃儒从贾，他们经商成功，大兴土木，建房、修祠、铺路、架桥，将故里建设得非常舒适、气派、堂皇。历经数百年社会的动荡，风雨的侵袭，虽半数以上的古民居、祠堂、书院、牌

> 徽派雕刻精美华丽

坊已毁，但仍保留下数百幢古民居，从整体上保留了明清村落的基本面貌和特征。

西递村中至今尚保存完好的明的清民居近200幢。徽派建筑错落有致，砖、木、石雕点缀其间，目前已开发的有凌云阁、刺史牌楼、瑞玉庭、桃李园、东园、西园、大夫第、敬爱堂、履福堂、青云轩、膺福堂、应天齐艺术馆等二十余处景点。

走进西递村，只见村口是一片景色秀丽的水塘，顺着水塘边的石板小路进村不远，一座古香古色的青色大石牌坊映入人们的眼帘，名曰“胡文光刺史牌坊”，站在牌坊下举目仰望，只见上方横额处有“荆藩首相”四个大字。这是一座建于明代万历六年（1578）的三间四柱五楼的青石牌坊，峥嵘巍峨，结构精巧，是胡氏家族显赫地位的象征，也是徽派建筑中牌坊作品的代表之作。

> 西递村

> 典雅的徽派建筑

据说，西递村原有牌坊十多个，“文革”期间多遭损毁，现只有这一座保存完好的胡文光石雕牌坊，据传它的保留还得益于一位军属老大妈的保护：“文革”时，当有人要将这座牌坊同其他牌坊一起砸掉时，她出面保护，由于当时她的儿子在军队某部担任团级干部，故才使这座牌坊幸免于难，未遭破坏。

> 西递村徽派民居

> 西递村设计精巧

穿过西递村古建筑群的门洞就进入了村中。于是，该村景观像电影似的一幕幕地呈现在了游人的眼中。人们看到西递村建房多用黑色大理石，两条清泉穿村而过。

村中有座康熙年间建造的“履福堂”，陈设典雅，充满书香气息，厅堂题为“书诗经世文章，孝悌传为报本”、“读书好营商好效好便好，创业难守成难知难不难”的对联，显示了儒学向建筑的渗透。村中另一古宅为“大夫第”，建于清康熙三十年（1691）。“大夫第”为临街亭阁式建筑，原用于观景，楼额悬有“桃花源里人家”六个大字。有趣的是，近人多将此楼当做古装戏中小姐择婿“热抛绣球”所在，该楼现已成为西递村举办此项民俗活动的场所。此外，村中的胡氏宗祠也保存得相当完好。

敬爱堂，位于前边溪东岸，是一座面积达 1 800 平方米的典型徽派砖木结构建筑，也是西递村现存最大的祠堂。敬爱堂门前飞檐翘角，气势恢宏。步入中门为祭祠大厅，大厅分上下庭，中间有大型天井。敬爱堂是祀拜祖先、教育后代、凝聚宗族和举行各种宗教活动的场所。于 1992 年重新修复，现被辟为“西递民俗展览馆”。

追慕堂，位于大路街上方，建于清乾隆甲寅年（1794），用以追思慕念胡氏先祖，使后人勿忘当年的李、胡渊源。追慕堂屋顶为飞檐翘角，八字形大门楼，檐下三元门外设有木栏，八字墙用整块打磨光滑的黟县大理石制成，风格独特，极为精美壮观。

旷古斋，建于清康熙年间，是一幢清朝时期典型的徽派庭院式私家宅院。斋内的砖、木、石三雕都基本保持原样，正厅堂前摆放有西递古村落全景大沙盘，形象地再现了古村落的整个布局和山形地貌。

瑞玉庭，位于横路街口，建于清咸丰年间，是一座具有代表性的徽商住宅。从上而下整体看来似“商”字形状，当人从下穿过时就与其组成了完整的“商”字，寓含着“人人皆经商”之意，这是徽派民居厅堂里的一个独例。

桃李园，位于横路街中部，建于清咸丰年间，由正屋和庭院组成，是西递徽商胡元熙的旧宅，也是西递唯一的住宅、书馆相配的建筑。后进厅堂两侧有 12 块雕花木板，上面依次镶有书法漆雕《醉翁亭记》全文，出自康熙年间古黟书法家黄元治之手，十分珍贵。

西园，在中横路街上，建于清雍正年间，距今有 260 年历史，是清道光年间四品官胡文照的私宅。庭院分前、中、后三进，以低墙相隔，院内有花草树木、鱼池假山、匾额漏窗，用的是典型的徽派造园手法。东园与西园相对应，是一组多单元的古老住宅，风格古朴。

膺福堂，是西递官职最高的清二品官胡尚熷的私邸。建于清康熙年间，为三进三楼结构。膺福堂是典型的徽派四合院，屋内的隔扇门皆雕成莲花状，精致典雅，天井四周的雀替木雕呈倒爬狮，尽显官商府第气派。

惇仁堂，位于大夫第后弄的前边溪畔，建于清康熙年间，原为村中徽商泰斗，有“江南六富”之一美誉的胡贯三晚年居所。惇仁堂古朴而典雅，房屋是五间二楼结构。惇仁堂后来还是清光绪三十二年（1906）在西递创办黟县第一所“崇德女子学堂”的大家闺秀黄杏仙的故居。

尚德堂，位于前边溪上游，始建于明万历年间，距今约有 400 年的历史，是目前西递古村落里尚存的最古老的明代民居建筑。

西递古村号称有 99 条高墙深巷，身居其中宛若置身迷宫，抬头望去，马头墙鳞次栉比。

马头墙，又称风火墙，因形状酷似马头而得名，是徽州民居独有的风格。相传，古时徽州因民居密集，“马头墙”作为隔断，可以防止风助火势，久而久之便演化为建筑风格。

历经千百年，徽派建筑依然独树一帜，从中可以窥见其独具匠心的生存智慧。

徽派的古村不仅在单体的建筑上煞费苦心，整体的布局也别有洞天。在皖南众多风格独特的徽派民居村落中，宏村是最具代表性的。

离开西递村继续北行不远，便是同属黟县的宏村古民居风景区。宏村相对西递来说给人的第一印象就是美，因为宏村村前多了两个池塘，既体现了“秀”在其中，也使整个村落显得比西递更富有几许灵气。也可能正是因为如此，当年，李安的电影《卧虎藏龙》才将这里选为外景拍摄地之一。

> 宏村

> 傍水而居的宏村

> 极具魅力的徽派建筑

宏村又名弘村，都是取宏广发达之意。该村始建于北宋，距今已近千年历史，原为汪姓聚居之地。整个村落占地 30 公顷，山清水秀，享有“中国画里的乡村”之美称。

从外观上说，宏村是古黟桃花源里一座奇特的牛形古村落，既有山林野趣，又有水乡风貌。村中各户皆有水道相连，汩汩清泉从各户潺潺流过，层楼叠院与湖光山色交相辉映，处处是景，步步入画。闲庭信步其间，悠然之情浓烈得让人心醉。

山因水青，水因山活。南宋绍兴年间，古宏村人为防火灌田，独运匠心开“仿生学”之先河，建造出堪称“中国一绝”的人工水系，围绕牛形做活了一篇水文章。宏村的整体布局形似一头耕牛：村东的“雷刚山”为牛头，参天古木为牛角；宏村有名的“月沼”是牛小肚；而引水入村的“水圳”则是牛肠；村南的人工湖“南湖”为牛胃；然后在村西架设木桥，是为牛腿；村子里的宅邸则演化成了牛身。

整个过程引据风水，历时一百三十余年成形，为宏村解决了生活、消防用水的问题，并调节了气温，令人叹为观止。湖光山色与层楼叠院和谐共处，自然景观与人文内涵交相辉映，是宏村区别于其他民居建筑布局的特色，成为当今世界历史文化遗产的一大奇迹。

走进宏村，首先得沿着水塘边的小路前行，步行一段路

> 雷岗山

> 月沼

> 水圳

> 南湖

> 宏村影射风水的建筑布局

后，大约到了水塘的中部区域，这里是横跨于水塘上的一条小路，连接着一座石拱桥将水分为左右。游人顺着小路过了石桥穿过水塘便进入村中。

宏村同西递一样，到处都是写生者，水畔、街巷、民居、茶舍、祠堂等处都有众多作画的学生在此泼墨施彩。这么多人如此集中地在这里作画，这是全国任何风景区中都很少见的一个现象。可见这里的景色不同凡响，各种自然、人文景象都能进入画家的视野及创作中。

宏村内现保存完好的明清民居有一百四十余幢，鳞次栉比的古民居群遍布村内，特别是精雕细镂、飞金重彩、被誉为“民间故宫”的承志堂、敬修堂，和气度恢宏、古朴宽敞的东贤堂、三立堂等最为有名。

据统计，宏村的著名景点有：南湖风光、南湖书院、月沼春晓、牛肠水圳、双溪映碧、亭前大树、雷岗夕照、树人堂、明代祠堂乐叙堂等。村周有闻名遐迩的雉山木雕楼、奇墅湖、塔川秋色、木坑竹海、万村明祠、“爱敬堂”等众多景观。

走进宏村，游人会依次见到巷门幽深、青石街道旁古朴的店铺、雷岗上参天古木和探过民居庭院墙头的青藤石木、百年牡丹，以及森严的叙仁堂、上元厅等祠堂，还有93岁翰林侍讲梁同书亲题“以文家塾”匾额的南湖书院等等，俨然构成了一个完美的艺术整体，真可谓是步步入景，处处堪画，同时也反映了悠久历史所留下的广博深邃的文化底蕴。至清代，宏村已是“烟火千家，栋宇鳞次，森然一大都会矣”。

“背倚秀美青山，清流抱村穿户”，这便是徽州古村独秀一方的魅力所在。

据资料载：西递、宏村的村落选址、布局和建筑形态，都以《周易》风水理论为指导，体现了天人合一的中国传统哲学思想和对大自然的向往与尊重。那些典雅的明、清民居建筑群与大自然紧密相融，创造出一个既合乎科学，又富有情趣的生活居住环境，是中国传统民居的精髓。西递、宏村独特的水系是实用与美学相结合的水利工程典范，尤其是宏村的牛形水系，深刻体现了人类利用自然、改造自然的卓越智慧。

> 宏村徽派建筑海月楼

> 宏村石拱桥

稻城亚丁

——最后的香巴拉

“夜幕降临了，我坐在帐篷前面，面对着藏民们称为夏诺多吉的巨大的山峦。此时云已散去了，雷神的光彩呈现在眼前，那是一座削去了尖顶的金字塔形的山峰，它的两翼伸展着宽阔的山脊，像是一只巨型蝙蝠的翅膀……”

——约瑟夫 · 洛克

美国植物学家、探险家，1928 年

公元 1923 年冬天，正在木里考察的美国探险家约瑟夫 · 洛克，遥遥望见了远方的一脉雪峰……当地的纳西族向导告诉他，那里是贡嘎岭神山，是传说中的香巴拉王国。

1928 年 6 月，当洛克沿水洛河流域最终踏上那片雪域圣境时，他自豪地宣称：“我们现在身处一个无人知晓的地方……”

> 约瑟夫 · 洛克和纳西族向导

> 贡嘎岭神山——传说中的香巴拉王国

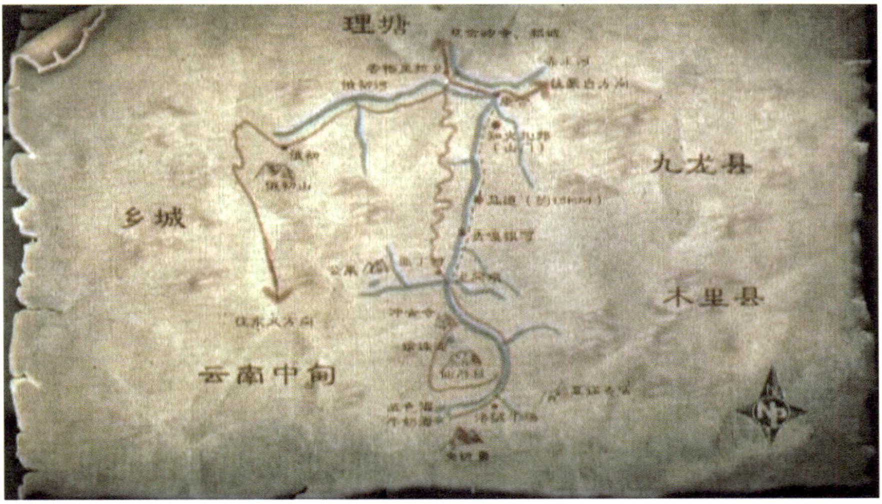

> 稻城亚丁的地理位置

这片蓝色星球上的一方净土，就是稻城的亚丁。

1928年，约瑟夫·洛克两度来到亚丁，进行了将近一个月的考察。他搜集当地各种动植物标本，绘制地图，还撰写了《贡嘎岭香巴拉，世外桃源圣地》一文，文中共有76张图片。文章这样开头："在整个世界里，有什么地方还能有如此的景色等待着摄影者和探险者……"他的文章刊发在《国家地理》上，瞬间引起轰动。当时的西方，正是刚刚开始为东方神秘景色着迷的年代，尤其是中国的藏区。回头看《国家地理》发家史，原本半死不活的一本地理学术期刊，因为缺稿而刊登了几十张西藏的照片，却无意间引起了轰动。只能说，洛克关于稻城的文章，出现在一个最合适的时机。

> 水洛河流域

稻城，地处川西南边缘，东连九龙和木里，西接乡城，

> 亚丁雪山

> 亚丁雪山

北靠理塘，南界云南的中甸。方圆7 323平方千米的土地上，布满了雪山、冰川、森林、草甸、河流和湖泊，以及田园山色中的藏寨、牧场和寺庙。

稻城北部的海子山，是青藏高原上最大的古冰体遗迹，区内密布着上千个形态各异的冰蚀岩盆形成的海子（高山湖泊），海子山因此而得名。稻城南部则横卧着贡嘎岭山脉，这里雪峰连绵、深谷幽壑、湖泊溪流密集。国家级自然保护

> 稻城亚丁的湖泊

> 稻城的海子山

区——亚丁，便坐落其中。

> 田园山色中的藏寨

亚丁，藏语意为"向阳之地"，地属稻城县香格里拉乡。亚丁村距香格里拉乡政府驻地34千米，亚丁自然保护区就因为其依靠该村而得名。亚丁峡谷，北起康古，途经亚丁村，南至洛绒牛场，海拔2 800~4 200米，峡谷最大深度1 500米，谷长25千米，沿途景观数不胜数。

> 亚丁的藏式建筑

东义河、康古河、水洛河纵横景区，域内水湍涧陡，瀑布跌水，随处可见，形成极具高原特

> 亚丁自然保护区

> 形态各异的冰蚀海子

色的河流旅游资源。特别是圣山脚下的水，每年 5—8 月间，水便变成乳白色，像牛奶一样，被当地老百姓称为神水。据说饮此水能延年益寿，养颜治病，而装在容器里三年不变质。这是什么原因呢？是因为碳酸岩经过冰和水的作用，形成了明矾（碳酸氢钙），当气温和降水达到一定的量后，被溶解冲击，这种矿物质对人体有益，特别是有调理肠胃的作用。

景区大大小小的高山湖泊（又叫海子）星罗棋布，数以千计，犹如一颗颗蓝宝石镶在亚丁雪山草甸之间，将亚丁生态旅游区装扮得更加妩媚动人。其中尤以“五色海”（丹增错）最具特色，其前端为冰终碛堤，湖水清莹碧翠，阳光普照则五色斑斓。据传该湖能“返演历史，预测未来”。其他海子按其空间展布，可划分为朗措群海、洋代出纳群海、日阿迪群海等，其成因为古冰川作用形成的堰塞湖。

> 三怙主北峰——仙乃日

溪流经过陡谷悬岩飞落成瀑，几乎所有的大小溪流、沟谷之上都有规模不等的瀑布形成，其数量之众，尚无数据可依，可以说处处银河飞落。瀑布高几米至百米不等，有的凌空飞坠，气势磅礴；有的如同碎玉飞花，妩媚多姿，其中最有名气的有勒西措瀑布、仙乃日瀑布和帕丁村瀑布。

> 三怙主雪山

> 三怙主雪山的三座主峰

稻城亚丁温泉资源丰富，出露点有二十余处，分布在茹布乡、省母乡、蒙自乡、日瓦乡、各卡乡等地。特别是县城东南 3 千米处贡巴山北麓的“茹布查卡”（查合温泉），出口处水温一般为 68℃，最高水温达 80℃，流量 1.33

> 三怙主东峰——夏诺多吉

> 三怙主南峰——央迈勇

升/秒，昼夜流量高达7 000立方米，可建装机容量2 000千瓦以上的地热电站。此处泉水无色、无沉积物，不含硫，为村民世代饮用，又能浸泡治病，驰名州内外。

> 波光粼粼的冰蚀湖

就在亚丁村的南部，高高耸立着世界佛教二十四圣地中排名第十一位的三怙主雪山。它由鼎立而峙的三座雪峰组成，相传这是被一世达赖根敦珠和五世达赖格桑嘉措册封过的神山。北峰仙乃日，海拔6 032米，意为观世音菩萨，是稻城第一高峰；南峰央迈勇，海拔5 958米，意为文

> 高山草甸与冰蚀湖

> 峡谷间的云杉、冷杉

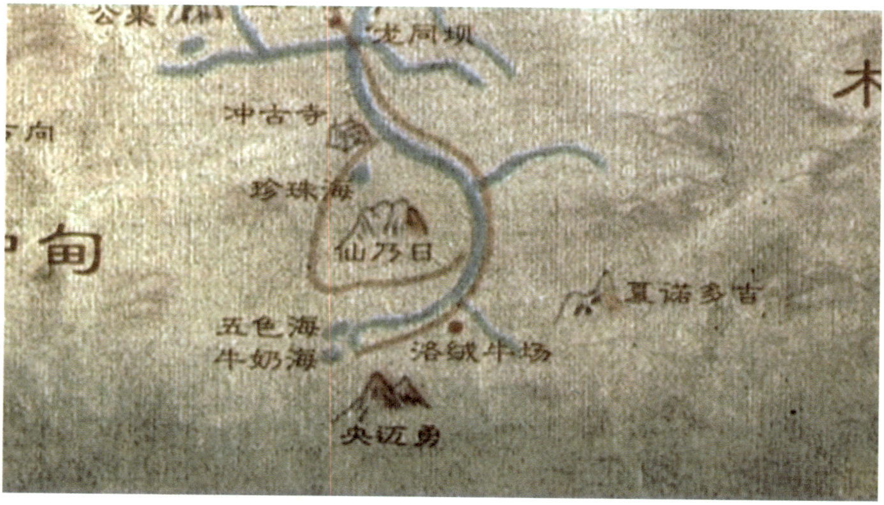

> 三怙主三峰位置示意图

殊菩萨；东峰夏诺多吉，海拔 5 958 米，是金刚手菩萨的化身。三座雪峰呈品字形，雪峰之间群峰林立，峡谷深切；山谷间布满了云杉、冷杉，以及大大小小的草甸和高原冰蚀湖，美如仙境。

相传不知何年，一条巨蟒闯入了贡嘎山区。它四处吞噬入山的牲畜和朝圣的山民，搅得百姓怨声载道。金刚手菩萨发怒了，他经过长时间的搜寻，终于发现了怪蟒。菩萨大喝三声，伸出巨手擒住了怪蟒的头，怪蟒一扭身，顺势缠住了金刚手菩萨的颈项，经过数个回合，最后，金刚手菩萨终于制伏了这条巨蟒，把它点化成了岩石。迄今，人们在金刚手菩萨山上仍可看见一条盘曲挣扎的巨蟒，每到藏历七月十五日，巨蟒嘴里就会喷出一股白色的圣水，朝圣者不远千里争相观看这一奇景，相传这圣水还有医治疾病的功效。

仙乃日雪山是亚丁景区三大高峰之首，海拔 6 032 米，巍峨伟丽，端庄祥瑞，仙乃日神山峰名意为“观世音菩萨”，周围是冰蚀峰林地貌，遍布冰川和冰川遗迹及高山湖泊，峰向北偏 10 度，西对北斗星，佛道两家都把北斗星称为吉祥之星。整个雪山是个环形冰斗下斜造型，所以从两侧观看时，山峰始终面朝着人们。“仙乃日”如一尊慈善安详的大佛，端坐在莲花台上，在它前面的那座山是金刚亥母，它左边金

> 幽深的蓝月山谷

字塔般的山峰是白渡母，右边飘曳着无数经幡的是绿度母，绿度母旁边林立的冰蚀角峰是众多降香母和妙音仙女，传说：她们弹奏的天籁之音，传到了仙乃日背后的地狱谷中，让地狱中的罪人听到仙律，减轻痛苦，循循善诱，使他们能幡然悔悟，早日脱离苦海。

夏朗多吉雪山是三怙主雪山的东峰，海拔 5 958 米。洛克先生把它形容为展开巨翅蓄势待飞的蝙蝠，将它比喻成希腊神话中的雷神。神山的左

> 冲古寺

> 策马奔驰在蓝月山谷

> 远望央迈勇雪峰

> 东义河畔的喀斯村

边绿色大理石山头为布鲁财神，右下方为马头金刚，马头金刚下方丹霞风林地貌为“八百罗汉”，神山脚下洛绒牛场边是当年洛克先生宿营处。

央迈勇雪峰为三怙主雪山的南峰，海拔高度为5 958米，在佛教中排在三怙主雪山之首。文殊菩萨在佛教中是智慧的化身，雪峰像文殊师利手中的智慧之剑直指苍穹，冰清玉洁的央迈勇雪峰傲然于天地之间。1928年，洛克先生在云南与稻城毗邻的群山重岭中，遥望到央迈勇雪峰，被它圣洁、高贵的气质折服，他在日记中写道：“她（央迈勇）是我见到的世界上最美的山峰。”站在央迈勇神峰下，转身向后瞧去，由群山环绕着的宽阔峡谷间，森林、草地、溪流和睦地各守一方，这气势磅礴的自然景观，恰似人间仙境。

仙乃日左边白度母的魂湖卓玛拉措，海拔 4 100 米，面积 0.75 公顷。在很久以前，仙乃日脚下原是一个大湖泊，后来决堤后，湖泊变小，剩下了现在的湖——卓玛拉措。美丽的卓玛拉措，像一颗镶嵌在莲花宝座上的绿宝石，碧波荡漾，水天一色，云影波光中，透出无限清丽，湖畔四周参天巨树，苍翠如屏。春

> 喀斯地狱谷

> 冲古寺热噶活佛琢刻玛尼石

> 喀斯地狱谷中源自震旦——寒武纪的钙化彩池

天，湖边簇簇杜鹃花绽放，灿烂如织，湖面上飘满缤纷的花瓣，景色宜人；秋天，层林尽染，碧波倒映出斑斓五彩的世界，美景与倒影浑然天成，令人目迷神驰。

传说五世达赖喇嘛阿旺·洛桑加措得知圣地日松贡布没有弘扬佛法的寺庙，于是就派让降·根秋加措大师到亚丁来修建寺庙，不想因建寺动土触怒了山神，降下灾祸，当地百姓全都患上了麻风病。大师悲天悯人，日夜诵经祈祷，后来终于百姓们的病全好了，大师却因病圆寂。人们为了怀念他，将他葬在草原上，堆起了雄壮的玛尼堆以纪念他。

冲古草坪是天然的盆景，主要由草地、森林、小溪和嘛呢堆组成，站在此地能一睹仙乃日和夏诺多吉的风采，会使你真正感觉到大自然的雄壮、美丽、神奇和妩媚。这里是大型冰川 U 形谷，此地原是冰川堰塞湖，由于仙乃日脚下的冰川湖泊决堤后冲垮了这里的湖泊，才形成今天这样的地形、地貌。这里同时是到冲古寺、仙乃日脚下和到圣水门、洛绒牛场的必经之地。

牛朗神山为“三怙主雪山”山门的守护金刚，牛朗神山海拔 4 760 米，也是仁村和叶儿红村的守护神山，是进入保护区的必经之路。山脚下是美丽的小山村叶儿红村，叶儿红藏文意为“山坳中的小村庄”。该村有 8 户人家，世代辛勤劳作，怡然安静。

叶儿红艺术群雕，属喀斯特地貌，由于长期的侵蚀风化，形成了许许多多的风林地貌和溶洞、天生桥等，但溶洞没有形成南方溶洞的内容，这是由于青藏高原的抬升和水位不断下降，形成现在的喀斯特地貌。

当年，洛克从木里遥遥望见的雪峰，其实就是如金字塔般刺向天空的央迈勇雪峰。从仙乃日雪峰脚下古老的冲古寺向南眺望，有一条幽深的峡谷蜿蜒通向央迈勇雪峰的南坡，它便是让洛克痴迷终身的蓝月山谷。正是这条奇险而俊美的峡谷，后来被美国作家希尔顿写进了他的名著《消失的地平线》，蓝月山谷成为通向最后的香格里拉——亚丁的天堂之路。

其实，在俄初山下，东义河畔的喀斯村口，另有一条洛克从来没有发现的神秘峡谷，也可以通往亚丁。山谷中有源自震旦——寒武纪的钙化彩池、钙化飞瀑，奇木怪石随处可见。它就是佛教典籍中提到的世界八大寒林之一的喀斯地狱谷，是佛教中所说的人类肉身由凡界进入天堂的必经之路。

当我们随马帮从喀斯地狱谷进入亚丁时，从沟口远远传来冲古寺热噶活佛每天不停地琢刻玛尼石的叮当声……

亚丁，这片沉睡在岁月冰河下的秘境，至今默默守护着关于香巴拉王国的神秘传奇……

茨中教堂

——神山下的教堂

藏传佛教四大神山之一的梅里雪山脚下，有一座隐匿在大峡谷中的藏式小山村，而村里却矗立着一座饱经沧桑的哥特式主教礼堂，它就是名扬中外的茨中村。几百年前，藏传佛教顺着茶马古道传入这里。而在一百四十多年前，西方的传教士们也带着《圣经》和葡萄籽沿着古道顺江而下。两种宗教在这里不期而遇，茨中就处在这条古道的交汇点上。一百多年过去了，如今这里的村民虽然信仰不同，一个大家庭信多种教的比比皆是，但都和睦相处，透露着一种和融共生的气质。

茨中村，地属云南迪庆藏族自治州维西县，位居香格里拉腹地。小村坐落在澜沧江西岸的坡地上，一座悬索桥将茨中与维西通往德钦的公路相连，过路人很容易错过这方峡谷中的秘境。清晨的茨中村很安静，泉水顺着山势淙淙流下，缓坡处开垦出了片片葡萄园，白色的藏式碉楼掩映其间，炊烟袅袅。村脚下，蓝色的澜沧江奔流而过。

“茨”藏语意为“村庄”，“中”藏语意为“六”，旧时该村伙头管辖六村，

> 茨中村的地理位置

> 坐落在澜沧江西岸的茨中村

故名。茨中多民族杂居，以藏族、纳西族为主，也有少量汉族；130 户人家中，超过 60% 信仰天主教，其余信仰藏传佛教；村子里既有教堂，也有白色的佛塔。

每天清晨，当初升的太阳将温暖的光束洒落在屋顶上，村中信仰藏传佛教的人家都要进行一项古老的仪式——煨桑。男主人来到屋顶上，将松树叶、藏香点燃后塞进祭坛，当缕缕青烟飘逸起来时，在上面洒落几滴清水，双手合十，遥望着远方的梅里雪山，嘴里喃喃念起经文。同一时刻，在村中信仰天主教的人家，男女主人也双手合十，面对着圣母玛丽亚的神像进行祈祷。自天主教在一百多年前传入这个藏族小村庄以来，人们就用这样不同的方式迎接着新一天的到来。

在澜沧江大峡谷中，历史上一直存在着一条从吐蕃通往南诏的茶马古道，藏传佛教几百年来就是沿着这条道路传入云南，西方传教士后来也是踏着这条道顺江而下。大名鼎鼎的茨中教堂在村子中央鹤立鸡群般矗立着，它由法国传教士始建于 1881 年，后于 1909 年重新建造，于 1921 年竣工，

> 澜沧江大峡谷

> 梅里雪山

成为天主教“云南铎区”的主教礼堂。2006 年，茨中教堂被国务院批准列入第六批全国重点文物保护单位。

这座哥特式的建筑，面临澜沧江，由门庭、院落、生活房、礼拜堂、花园、葡萄园等组成。正面的钟楼为三层，钟楼的顶部却是用玻璃瓦覆盖的中式飞椽瓦顶。钟楼最高处竖立着十字架，教堂的大门口则书有完全中国化的

> 通往茨中村唯一的通道——悬索桥

> 哥特式茨中教堂

对联，可以说是一座“西式为主、中西合璧”的教堂。登上钟楼，茨中村和澜沧江两岸的秀丽风光尽收眼底。教堂的最后一道拱形门上装饰着拉丁文、藏文和东巴文，这些文字的意思是：欢迎劳累了一天的人进来。

> 贴着中式对联的茨中教堂门口

茨中小学与教堂相邻，其前身是1951年成立的省立第一完小，也是德钦县的第一所小学，当时的校舍就是教堂，而在那以前，教会就已经在茨中开办学校了。这也许足以解释为什么茨

> 教堂内景

中人文化水平比较高、村里出的老师特别多的原因。

“破四旧”时期，茨中教堂作为校舍幸运地躲过劫难从而保留至今，实际上，三十多年里教堂一直是学校所在地，直到现在的茨中小学建成。

条石铺就的台阶，条石砌成的门廊，精心装饰了的殿堂，高大的石柱，绘制在天花板上的图案，已然无法点亮的水晶灯，十字架上的耶稣像，在这遥远的西南山野，它们似乎都有触动人心的无言力量。

1872 年，法国神甫普德元和瑞士神甫余伯南从四川进入云南，在距茨中不远的茨姑兴建了云南藏区的第一座天主教堂，并以其为根据地，沿澜沧江传播天主教，先后在茨姑上游的德钦、下游的小维西等地建立了教堂，甚至向西翻越碧罗雪山，进入怒江流域的丙中洛传教。

1951 年，茨中最后一批外国传教士被遣返回国，此后的半个多世纪里一直没有专门的神职人员，信徒们每次聚会只是祈祷和唱颂歌。后来，终于有一位神甫从内蒙古来到茨中，教堂才恢复了弥撒。

星期日是茨中村民到教堂做礼拜的日子。8 时左右，信教的村民开始

> 从茨中村外依稀可见茨中教堂

> 教堂内的村民正在祷告

陆续前往位于村子中央的茨中教堂。教堂坐落于繁花茂树中，斑驳的砖墙与青山、农田、村舍和大片葡萄园相映生辉。

教堂里很快挤得满满当当的，有四五百人，女信徒的数量显然要多过男信徒。据说，每逢圣诞节、复活节等重要节日，相邻的茨姑、巴东两个村子的信徒也会来到茨中教堂，人数有时会超过 1 000 人。

10 时，信众开始做礼拜，他们不懂英语，甚至不懂汉语，却用藏语虔诚地唱着赞美诗。主教堂旁的屋子里，满墙的老照片在歌声中讲述着当年法国传教士在东方“香格里拉”的悲欢离合。

茨中教堂久违的弥撒与任何一座乡村教堂并没有太多不同：缺乏必要的肃穆，但绝对富于感染力——襁褓里的婴儿在哭，半大的孩子在上蹿下跳，赞美诗响起的瞬间，所有的嘈杂又戛然而止……

正午时分，礼拜结束后从教堂中走出来的信徒，有藏族、汉族、纳西族和傈僳族，他们在这里说着不同的语言，但又如此地亲密无间。他们的祷告也许是世界上绝无仅有的，他们手拈佛珠，借助藏文吟诵那些

> 信仰藏传佛教的村民

用拉丁文写成的经文，这样的礼拜方式在茨中教堂已经延续了一个多世纪……

茨中教堂大门旁边不远的地方，耸立着一个玛尼堆，堆放着刻有梵文佛经的石头。一百多年来，代表着两个信仰、两种文化的神，就这样默默相望、和睦共处。到了周日，可以看到这样奇异的景象：信仰天主教的村民们在教堂里用藏语诵读《圣经》、唱赞美诗；门外的玛尼堆前，信仰藏传佛教的村民们手里摇动着转经轮，念着藏语经文；教堂的钟声，转经轮发出的嗡嗡声，藏语经文声，唱赞美诗的歌声……交汇在一起，感觉十分和谐、悦耳。

> 澜沧江峡谷中的茶马古道

在茨中村，不管是哪个宗教的节庆，全村人都一起过，而有村民家遇到婚丧嫁娶或建房盖屋等大事，大家也都会去帮忙。

> 金沙江溜索

> 云南德钦书松村民挖虫草

比如，天主教的教友去世了，信仰藏传佛教的村民会来帮厨、接待客人；而信佛教的村民去世，天主教的教友也会为死者念诵《圣经》。

这片峡谷秘境的宽容和魅力，就是茨中村令人迷惑和传神的地方。

当初，与天主教一同来到茨中的，还有葡萄种子和葡萄酒酿造技术。作为天主教仪式的重要内容，葡萄酒代表了耶稣的鲜血。耶稣也曾说："我是真正的葡萄，我的父亲是种植葡萄的农民。"由此足见葡萄酒的宗教意义。

茨中教堂的"玫瑰蜜"葡萄树经过百年风霜，老根已变得粗如柱脚，但依然青藤蔓延，枝繁叶茂。19 世纪初，由于生态灾难，这个葡萄品种在法国已经灭绝了。据法国专家尼古拉考证，在法国本土，由于食用和酿酒的两类葡萄分向发展，"玫瑰蜜"这种食用、酿酒兼用型葡萄，连原种都未见保留下来。而这个古老的优良葡萄品种，至今仍然存活在云南这个东方"植物王国"里，形成世界上唯一的"玫瑰蜜"葡萄园。

茨中一带具备了酿酒葡萄生长的绝佳条件，地处高海拔、低纬度的干热河谷，在酿酒葡萄的发育季节，降雨少、光照好、气温不高；当葡萄成熟后，气温降幅又比较小，昼夜温差大，加上无污染的环境与独特的沙性土壤，使得"玫瑰蜜"在雪域高原扎下了根，不但没有老化，反而得到了优化。虽然传教士们早已逝去，但种植葡萄的技术却留了下来。

8 月下旬，葡萄成熟了，就到了酿造葡萄酒的时候。人们将已经成熟的玫瑰蜜、赤霞珠采摘回来，将葡萄叶子、枝干等杂物拣干净后，全部倒在大桶里，用木制的杵棒捣碎，然后按比例加糖，一般每 50 千克葡萄加 5 千克的糖，随后密封起来进行存放。这种传统的法式酿酒技术，包括破碎、发酵、过滤、去皮等工序，看似简单，实则复杂。被存放的这些葡萄酒，3 天要放一次气，12 天后进行发酵，捞出葡萄皮渣；存放 2 周后，进行第 2 道过滤，吸出酒液，除掉罐底的渣子；再过 2 周，用纱布进行第 3 次过滤，然后满罐密封 6 个月，就可以喝了。这些工序除了要精心操作外，更重要的是要掌握好发酵期间的温度，一般 18℃为最佳，高了低了都不行。这样，酿成的葡萄酒才醇美。

茨中村村民自制的葡萄酒，一般是留着自己饮用，偶尔游客到来，也会少量地出售或赠送，给村民们带来额外的收入。这些色泽浓郁、味道纯正的红葡萄酒，并没有考究地置于橡木桶中，而是简单地存放在腌咸菜的陶瓮里，或是直接放在白色的塑料桶中。茨中村村民对葡萄酒的品赏，少了高贵的场合，倒也随了藏区群众自然纯粹的性格。

> 远望茨中村

> 平安祥和的峡谷

难以想象，一百多年前，在没有现代交通工具的情况下，那些法国传教士是如何跋山涉水来到这里并一住数十年，为这片土地带来最初的现代文明。

如今茨中村已有了数家客栈，住的多是驴友、摄影师或记者等人群。这个遁世的天主教村落，在一百年后再次面临现代旅游经济的降临，比起上一次的宗教文明来说，这一次的冲击，显得更为持久和深刻。

丙中洛
——大峡谷中的秘境

从滇西北怒江州首府六库出发，沿着怒江一路向北，两岸群山雄踞，峡谷深切，江中水流湍急，这就是世界三大峡谷之一的怒江大峡谷。而在大峡谷的最北端，坐落着群山环抱中的秘境——丙中洛。

在中国的版图上，丙中洛恰好处在雄鸡的鸡尾上。

丙中洛位于怒江傈僳族自治州，地处云南省怒江州贡山县的最北端，距州政府所在地六库329千米，东邻迪庆藏族自治州德钦县，南距贡山县城43千米，西接独龙江与缅甸比邻，北靠西藏林芝地区的察隅县。

全乡国土总面积823平方千米，地势北高南低，是滇西北三大山脉（即高黎贡山、怒山、云岭）与三江（即怒江、澜沧江、金沙江）形成倒“川”字的“三

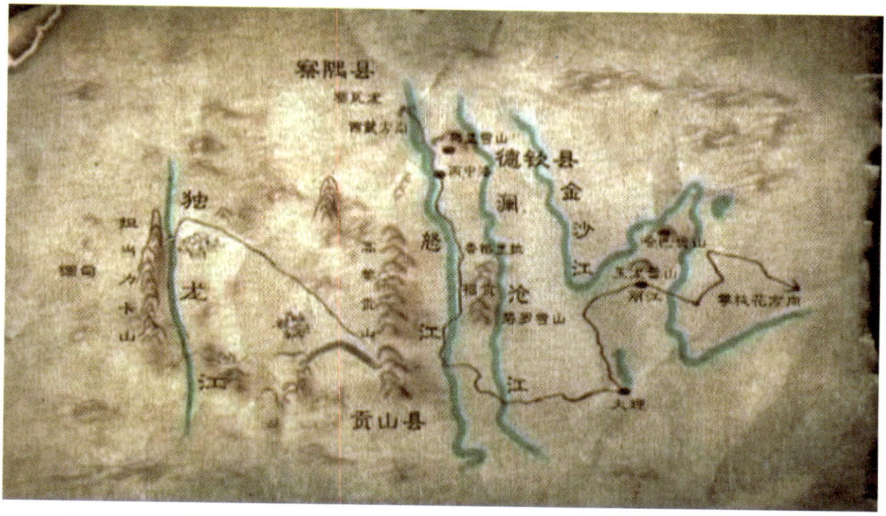

> 丙中洛的地理位置

> 位于怒江大峡谷最北端的丙中洛

江并流”核心区，地貌极为峻险复杂。丙中洛四面环山，东西之间有碧罗雪山和高黎贡山二列群山隔江相峙，奔腾的怒江则自北向南，穿山劈石，贯通全境；北有石门锁关，南有贡当神山扼守，形成极为封闭的高山峡谷地貌。区域内，江边最低的台地海拔仅1 430 米，而最高峰嘎娃嘎普雪山海拔5 128 米，为高黎贡山最高峰。密闭的自然环境，层次鲜明的垂直气候，使得这一带成为世界物种多样性的宝库。

> 怒江大峡谷

> 怒江大峡谷的标志——石月亮

丙中洛境内有国家级4A 景点3个，即怒江第一湾、石门关和丙中洛田园风光。省政府批准的一级景点 2 个，二级景点 6 个，三级景点 3 个。丙中洛自然环境奇特、壮观，特殊的地理环境使丙中洛靠南边的地方有一天两次日出日落的奇妙景观。

在丙中洛还可观看到难得一见的“佛光”。整个景区为立体气候，冬可观雪景，春可赏野花，秋可走田园，夏可览江河，嘎娃嘎普雪山终年积雪。

丙中洛呈不规则四边形，地势北高南低，最高峰嘎娃嘎普雪山 5 128 米，最低海拔为与捧当乡交界处江面 1 430 米。乡政府驻地丙中洛坝子海拔 1 750 米，是怒江峡谷深处难得一见的开阔台地，面积约为 15 平方千米，四面环山，整个坝子被念瓦洛河和格马洛河分割成三大块，平坝周围的石崖多为羊脂玉岩，南为贡当神山，北为石门关，南北遥相呼应，形似“相约无期”的一对恋人，怒江从北部的秋那桶深谷进入丙中洛，从丙中洛南边一直到大拉，形成弯弯曲曲几道湾，最大的一道湾在坎桶被称为“怒江第一湾”。

丙中洛境内动植物资源较为丰富。植物资源主要树种有云南松、油杉、滇青风、元江栲，还有大叶南烛、香白珠、马桑、木姜子、大百花杜鹃等，草木

> 石门关

> 碧罗雪山

> 贡当神山

> 高黎贡山

有蕨类、白茅、金茅、细叶菊、倒钩刺、旱茅、黄背草及兰科植物，经济树木有油桐、漆树、板栗、核桃、苹果、桃李、木瓜、梅子、柑橘等。动物资源有小熊猫（金狗）、狗熊、扭角羚、雪雉等珍稀动物，还有较多的高山草场，十分适宜畜牧业的发展。

丙中洛是一个典型的人神共居之处，在周围的群山中有 10 座有名有姓的神山，且每座神山都有自己的神主，分别是：甲衣更念其布（嘎娃嘎普雪山）、巴拉生更格布（贡当神山）、正桶都吉江才（怒江第一湾西面的雪山）、信灵干嘎日浓（怒江第一湾西边的仙人洞）、衣当都吉帕姆（纳依夺村的帕姆仙人洞）、扎朵达雅初姆（秩科当大悬崖）、杰才木拉目吧（达拉村南菁雪山）、登雀其吉布卓（仙女洞）、将太下灵信木（纳依夺村悬崖）、妮日宗甲姆（日宗山）。除此之外，每个奇峰怪石、每棵大树、每个菁沟都有自己的神灵。

丙中洛现居住有藏族、怒族、傈僳族、独龙族、白族、纳西族、汉族等 7 个民族，其中，怒族是当地的世居民族。怒江边美轮美奂的雾里村，就是一个宁静古朴的怒族村寨。千百年来，这里自然风光秀丽，人文景观奇特，民风淳朴，多民族和谐相处，有着“路不拾遗、夜不闭户”的习风，恍如世外桃源，人间仙境。

丙中洛保留着绚丽多彩的民族文化，各民族有着不同的民族服饰和节日。怒族农历二月初八的“桃花节”，主要是祈求神灵保佑；农历三月十五的“仙女节”，主要是祭神。独龙族的“卡雀瓦节”，主要是以跳芒锣舞的形式祭祀神灵。各民族语言、服饰、习俗等相互渗透，形成一道独特的文化景观。

登上贡当神山，可以俯瞰气势宏大的怒江第一湾。而在怒江边的悬崖峭壁上，一条古老的茶马古道至今仍是马蹄声声，空谷幽响。茶马古道在云南已基本为现代交通所取代，唯有丙中洛通往藏东南地区的马帮队今天仍在古道上穿行。因为从六库延伸而来的公路，到丙中洛已是尽头。而沿着

> 俯瞰怒江第一湾

> 茶马古道上的马队

这条古老的滇藏马道，从丙中洛最北端的秋那桶村，翻越全长 65 千米奇险无比的那恰洛峡谷，便可以到达西藏察隅县的察瓦龙，这就是至今仍然保留着的最后一条茶马古道。

这条路既是滇藏古驿道，也是今天察瓦龙沟通外界的唯一常年通行无阻的道路，该乡物资进出主要依赖此路。沿途途经石门关、那恰洛峡谷等景点，蹄印斑驳，马蹄声声，空谷传响，古意盎然。

丙中洛，大峡谷中的一方世外秘境，人世间的一方田园净土。

傍晚，霞光从嘎娃嘎普雪山方向射下来，暖光斜铺在丙中洛这块向东倾斜的坡地上。在峡谷里绕了几天以后，丙中洛显得格外开阔，在这里能看到金黄的土地，绿油油的大山；街头喝醉的村民，精明能干的外地商人，爱喝葡萄酒的喇嘛，虔诚的天主教徒；此外，还有基督教徒们整齐的和声萦绕在枯黄的玉米地里。怀揣着感恩之心的人们平静而安详地生火做饭、建房娶妻，在阳光下劳作、在酒醒前歌唱……

丙中洛有一种令人惊叹的平静，那是一个真实可及的童话世界，就像在

> 怒族村寨雾里村

梦里。它的静怡，令人放下妄念，置身天界。丙中洛的任何一座山峰都易攀登，而当你站在山巅时，诸神会在你耳边轻声祝福……

但另一方面，你也会对一草一木心生敬意，因为你知道这里的每一颗沙粒、每一朵鲜花的身后都有神灵在祝福它，一整段浓重的历史凝结于此，不论人们来自何方，什么民族，使用什么语言，在丙中洛，传统和文明、神话和现实，在各民族的守护下，神圣而和谐。

从丙中洛街头看东风村近在咫尺，普化寺的屋顶掩映在树丛中，但要沿着蜿蜒的、仅够一辆越野车单行的公路步行一个半小时才能到达。这是一

> 世外秘境——丙中洛

> 田园净土——丙中洛

座狭长且平坦的山峰，两边是陡峭的峡谷，嘎娃嘎普的雪水沿谷底往下流淌，流过普化寺、东风基督教堂、重丁天主教堂，在桃花村的上游 100 米处汇入波涛滚滚的怒江。

普化寺的佛堂是村子里最宏伟的建筑，三层楼的尖顶大瓦房，佛堂左边开满格桑花的小径深处是僧侣的生活场所。在秋那桶一带，可以看到藏族传统建筑元素正在被这里的怒族群众使用。

每年腊月二十五的“歌斗节”是个盛大的节日，人们穿着盛装参加这个节日。当鼓声和着尖利的唢呐，浑厚的铜号响彻丙中洛，喇嘛跳起巴强（属藏戏的一种），酬谢鬼神，迎福纳祥。

据史料记载，喇嘛教是公元 1773 年（清乾隆三十八年），由西康省（现四川）德格八蚌寺传入丙中洛。1825 年（道光二十五年），藏传佛教在丙中洛建立了一所喇嘛寺——飞来寺，几年后再建普化寺（藏语称迪庆郎顿林）。而当时的丙中洛仍然停留在刀耕火种的原始状态，采集和狩猎仍是获取生活资料的重要手段，信奉万物有灵的原始宗教。

佛教从丙中洛北边的藏区传入，一度成为这里最重要的宗教；这时基督教还没有进入怒江，直到20世纪初，美国传教士麦克斯主持的缅甸八莫基督教会，派遣一名叫巴托的缅甸籍傈僳族青年传教士经腾冲进入泸水、碧江一带，基督教才首先在傈僳族中开始传播。1934年，美国牧师莫尔士进入贡山茨开一带活动，基督教才由南向北，沿怒江逆流而上进入丙中洛。

基督教能够顺利地进入丙中洛与之前的天主教殉道者不无关系。据《云南宗教史》记载，1864年，今贡山县丙中洛乡下辖的秋那桶村，第一座天主教堂已经建成，负责该教堂的是两位法国神父——吕项和毕天祥。

沿着山脊爬上东风村，站在山脊一座安葬着普化寺高僧的白塔边可以清晰地看到重丁教堂白色的墙壁和左右两边突出的钟楼。教堂是拱形门窗，方柱，门楣上的花草壁画带有巴洛克风格，天使如同中西混血儿，教堂门前的对联用藏文书写。

尽管是重建的教堂，但这里依然是丙中洛最吸引人的地方，总能看到车

> 怒江在峡谷间奔流而过

队停在教堂门前。

将天主教带入怒江的任安守就安葬在重丁教堂的院子里，他亲手种的栗子树下。落在坟前的栗子已经分到了各家各户，留下带刺的栗子壳缓慢腐烂在坟头。据史料记载，他是最早进入丙中洛的外国传教士。

墓碑上刻录了任安守神父的生平，“任安守神父（Annet Genestier）（1856—1937），法国多姆山省（Puy-de-Dme）克莱蒙市（Clermant）人，1886 年来华，西藏教区传教，1888 年到丙中洛建堂传教，1937 年因病在贡山重丁教堂去世，终年 81 岁”。

任安守神父已经走入历史，怒江最早的栗子树、葡萄树和厕所都是任安守神父带进来的，但任安守神父留下的绝不仅仅是这些。那时的村民不知道法国在哪里，甚至不知道昆明在哪里，更不知道任安守在他的国家过着什么样的生活，他是通过什么方式来到中国的。但他们知道，任安守带来的不仅仅只是天主教，他还带来了全新的生活方式，由于他，这里的人们第一次使用了厕所，学会了复杂的烹饪……就像喇嘛教带来当时更先进的耕作技术和管理制度一样，天主教、基督教的发展同样为丙中洛带来了积极的影响。

在丙中洛没有多少人能说清楚自己到底是什么民族，因为这块土地能融化任何民族之间的隔阂，宗教之间的博弈，文化之间的差异。

丙中洛，人间的一块宝地。

Picket Of Man

翁丁村

——最后的原始佤寨

当太阳拨开晨雾冉冉升起，寨子里的公鸡开始啼鸣，家家户户的火塘升起了炊烟，翁丁，这个地处边陲的佤族寨子，每一天都是这样开始的……

翁丁，地属云南省临沧市沧源县勐角乡。沧源是中国仅有的两个佤族自治县之一，古时候俗称“佧佤山区”或“葫芦王地”，因地处怒山山脉南端余脉的老别山山系，境内山峦起伏，河川纵横，几无平坝。北回归线贯穿沧源全境，区域内最高海拔 1 600 米，最低海拔 520 米。境内气候温和、雨量充沛、水土丰美、环境宜人、自然资源丰富，每年平均有 147 天雾日，形成极为壮观和朦胧的佤山云海、日出等奇美气候景观。

翁丁，佤语意为水源连接之地。翁丁村四面群山环抱，南距县城 39 千

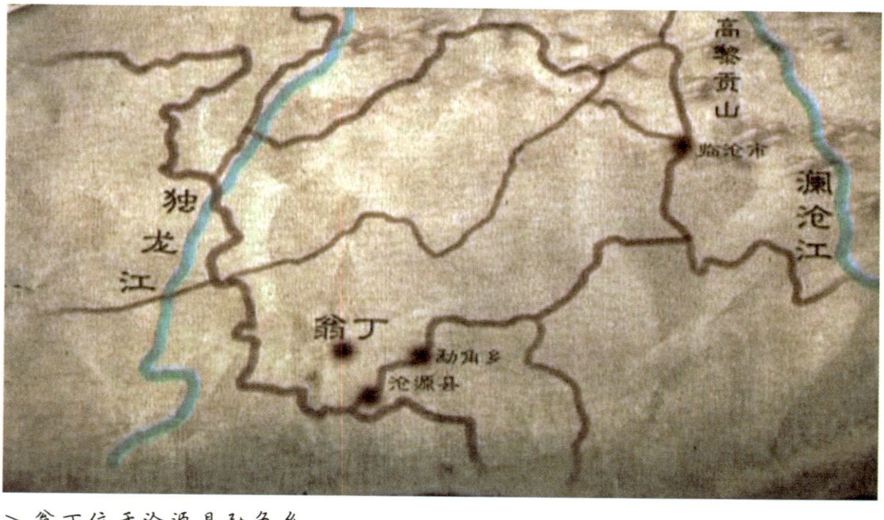

> 翁丁位于沧源县勐角乡

> 翁丁村坐落在向阳坡地上

米，北部的窝坎大山海拔 2 606 米，是沧源境内最高峰。自古以来，由于与世隔绝的封闭环境，翁丁村得以世世代代保持着原生态的自然生活形态。

> 牛是佤族的信仰

翁丁村，整座寨子坐落在绿树环抱的向阳坡地上，漫步雾中翁丁，首先见到的是寨门和大榕树，它们共同守护着这个有着数百年历史的村庄。佤族世代崇敬牛，认为它是财富和福气的象征，挂满牛头的寨门和村口高大的老榕树，既是这座已有数百年历史的村庄的

> 佤族世代崇敬牛

见证，又是佤寨的标志。就在见到寨门的同时，你也会被寨门特别是大榕树上的牛头震撼，每根门柱上的牛头，特别是大榕树下悬挂着的牛头，若隐若现，神秘而又神奇。

进了寨门，一片空旷的广场上立着几个牛头树桩，透过迷雾，草房扑面而来。翁丁村现在近百户人家，共四百余口人。佤族的民居是典型的杆栏式茅草竹楼，竹楼通常是密密麻麻依着山势而建，楼上住人，楼下畜居，房屋的四周用一排排石块垒成院墙。寨子中最高大的建筑便是佤王府。接下来沿着窄路小径布局着各式佤族茅草房民居，相伴的是房屋内外无数的牛头。

原生态佤族茅草屋民居，是杆栏式竹木楼。从大的方面分两类，一是单身成人住的屋顶很矮的单层椭圆形屋，成年未婚和孤寡中老年都住这样的房；另一种就是普遍的两层楼，楼上住人，楼下畜居。此外，佤族人家都会在村边建自己的一间储藏屋，主要装粮食，且都没有锁，佤族还保留着路不拾遗

> 村口高大的老榕树上挂满了牛头

> 翁丁村河流纵横

的遗风。

阳光很灿烂，游走在充满原始气息的村屋之间，只觉得眼中的一景一物都是那么有味道，遇到的每个村民也都是那么友善。白天人们大多到附近山里下地干活，寨子里很安静。整个村庄坐落在森林怀抱中。据说，佤族村寨周边的树都不能砍，树是保护村子的神林，所以佤族村庄周边的树都很茂盛，形成林墙。

翁丁最为神秘的吸引力，也许就是任何人都要洗耳恭听的村寨心脏——寨桩、寨心、司岗里。

在翁丁村的中央矗立着一根柱桩、一个鹅卵石器、一个高高的标杆。所有到翁丁的人在这里停留时间是最长的，因为这三样东西是翁丁原始宗教的神秘所在，它们共同构成山寨的寨心。这里同时也是佤族村民出入经过最多的地方，平日村民的活动、小孩玩耍、男女青年谈情说爱、老人休闲、村民祭祀等都来这里，透着佤族村民浓厚的生活气息。

寨子中央竖有寨桩。寨桩是佤族村寨最神圣的地方，象征着佤族的信仰，是佤寨必有的刻木纪事图腾，是护佑佤寨平安、丰收的神祇。每逢重大节日，全寨人都围着寨桩通宵打歌。寨桩由四部分组成：一是记录司岗里故事的木塔；二是由寨桩和台板合组成的供台，用来放置祭物祭品；三是考筒，内容非常丰富，雕刻着象征日月星辰、天地山川的图腾，融入了佤族图腾崇拜与小乘佛教文化；四是寨桩台。

寨桩是核心，高杆上的图腾物器是司岗里的传说；鹅卵石是寨心标志，是全寨人精神的寄托。佤族人普遍认为，只要有心，心诚就能祈求到自己的愿望。寨桩上有包谷秆，祈求的是粮食丰收，生活丰足，还有其他祭祀物也供在寨桩前，寨桩是由佤族人日常生活器物堆叠成的木塔，自下而上分别是三脚架、铁锅、支锅圈、锣锅、支锅圈、蒸子……葫芦、蒸子盖，共 13 层，代表着人类的繁衍生息。最高的是用龙竹制的幡杆，顶部有篾条做成的谷花、谷箩、护花的花圈；还有司岗里传说中承载人类生命之源的木船，立于木船上救助放牛人的小木鸟，木船下面有一条木鱼。

> 佤族民居——栏式茅草竹楼

> 翁丁村周围山峦起伏

距寨心 5 米开外还有撒拉房，也就是公房，主要是青年男女谈情说爱的地方，或远方客人来访找不到亲戚，暂时歇脚的地方。

在佤族迎宾山歌的伴奏下，佤族小伙在游客额头抹上“娘布洛”，送上祝福。“娘布洛”是佤族人配制的一种纯天然药物，成分为锅底灰、牛血、泥土等，将其涂抹于人的额头上，意在驱邪、祈福、求平安。

在翁丁村中，给人印象最深的是经常遇到的老年妇女，且都一袭地道的佤族装扮。佤族历来崇敬母亲，每家每户的长者，便是家中的老奶奶。上了年纪的佤族妇女通常一身佤族服饰，烟斗不离手，银饰满身戴，是佤寨特有的一景。

在阿佤山区，有妇女抽旱烟的习俗，但凡上了年纪的佤族妇女，随身都带有一杆烟斗。佤族人吸烟已有千年历史，在蛮荒世纪，这个民族的先民们发现了旱烟，并且知道旱烟有种成瘾的成分，于是他们吸烟完全是为了陶

> 佤族寨桩

醉。在他们中间，烟草开始被称为“圣草”，每逢节假日、结婚、生日、葬礼以及拜访各部落首领时，都要把烟草作为最珍贵的礼物互相赠送，以示和平、友谊和尊重，大家和睦相处。这一风俗代代相传，流传至今。

佤族妇女喜欢吸烟，佤族男孩子更是喜欢。男孩子约女孩子时通常是边闲聊边吸烟，如果他对她有爱慕之情，便会哼起小调，叫她为他装烟点烟，以试探她对他是否有情意。

如若姑娘视小伙为意中人，便找个借口为他点上，否则就不予理会。佤族男女双方通过对歌相恋后，要说媒订婚。这时男方遣媒人至女方家里送

> 撒拉房——青年男女谈情说爱的地方

> 佤族妇女在劳作

上烟叶一包，女方若收下，表示婚事成了；如果没有收，表示对这桩婚事不满意。在这个古朴的烟俗里，烟成了像玫瑰一样的代表爱情的物品，温馨而浪漫。

丝丝缕缕的烟圈升空是一种风景，在它的身后是劳动着的佤族妇女。一脸惬意、一脸坦然和一脸的轻松。

佤族崇尚黑色，服装也多以黑色为主色调，佤族服装承袭原生态的浸染工艺并经腰机编织而成。线料有棉线、麻线、彩色毛绒。棉线采用植物紫梗、衣果、山李子汁和麻栗树皮同煮，取水浸染色泽，成色均匀自然。佤族的织布法是最原始的一种，无需织机，只要几个简单零件，把经线一端系在柱子上，一端绑在腰上，就可以操作，又称“腰机”。这种织法简便灵活，可以随身携带，走到哪织到哪，只是布的幅宽受到限制，一般不超过一尺余，现在多用来制作挎包。目前仍然使用“腰机”织布的，仅有佤族、景颇族、独龙族、黎族等若干少数民族。

翁丁典型的上衣和筒裙均为纯黑色，裙子下部装饰红色细线和小点。银胸牌是翁丁最具识别性的服饰配件，呈平面花朵形状，刻有精致花纹，中心加饰红线穗，用手工编织的红线绳挂于颈下，背后垂下长长的两段红绳。

佤族妇女戴的耳环一般都比较大，重量可达 200 克，因耳饰直径较大，佩戴者在穿耳后，要以竹木棍穿进耳洞中，将耳洞逐渐撑大，再将耳饰戴上。大耳环把耳垂拉得很长，甚至垂至肩部。耳饰上精心加工了各种图案，成为精美的工艺品。佤族妇女以大件耳饰为美，也是财富的象征。

在翁丁，至今保存着原始氏族公社的生活痕迹，寨主是佤寨最受尊敬的头人，步入翁丁佤寨后，率先拜访的是寨主家，由最先创建翁丁的家族中的成员产生，实行世袭制和终身制，负责管理氏族部落生产生活和外事等重大活动。魔巴则是佤寨的祭师，寨子里大大小小的公事必须由寨主和魔巴来定夺。

> 翁丁村始终保持原生态的自然生活形态

> 拥有数百年历史的村庄——翁丁

翁丁家家户户都有一个竹巴晒台，除了晾晒物品等功能，还有休闲的功能。翁丁家家户户的竹巴晒台前，都挂着腌制的腊肉。大多村民家里没有冰箱，这是科学而原始的储存方法。

坝美
——人间桃花源

东晋诗人陶渊明一首脍炙人口的《桃花源记》，写出了人们心目中理想的田园生活境界而流芳百世。如今，地处云南广西交界处的坝美，那群山环抱的自然佳境，以及怡然自乐的田园生活，不仅与陶渊明笔下描绘的意境神似，更被世人赞叹为人世间最后的一片桃花源……

坝美，地处云南省文山州广南县北部八达乡和阿科乡交界处，南距广南县城四十余千米，北接广西西林县境。这里属滇桂黔三省交界地，有着典型的喀斯特溶岩地貌特征，属亚热带河谷气候，四季温润多雨，适宜作物生长和人类居栖。

坝美，壮语意为“森林中的洞口”。这是因为坝美四面环山，不通公路不通电，进出坝美全靠村前村后两处石灰岩溶洞的地下暗河行船而入。村前的溶洞长约 900 米，行船途中或明或暗，会遇到三处垂直的天洞，小船

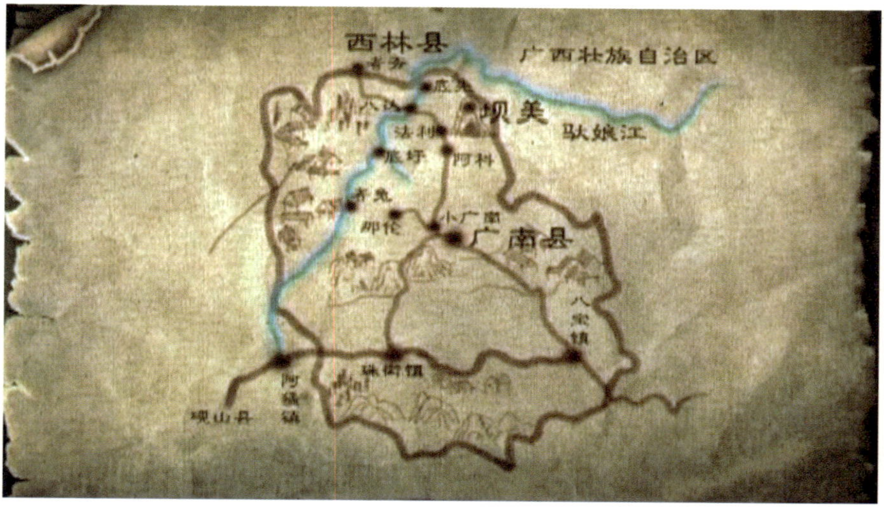

> 坝美地理位置

行至洞口，地势豁然开阔。苍劲的老榕树，河畔的古老水车，阡陌间油绿的稻田，绿树掩映中的农舍……一派悠然的田园风光。

坝美是群山间一方不足2平方千米的平坝，蜿蜒的坝美河从平坝中间流过，途中分岔，分割出一条男人河，一条女人河，中间留出一个河心小岛，被寨里人叫“桃花岛”，岛上种满了粉嫩的桃树，芳草鲜美、落英缤纷。坝美一直延续着一种古老的风俗——裸浴。每当夏日炎炎之时，劳作了一天的人们就会在夕阳下山之前，来到桃花岛，分别下到“男河”、“女河”中，男女皆一丝不挂，天然沐浴，且相互之间绝不会越“雷池”半步。如今，很多的男人女人已经选择在黄昏或者黑夜裸浴，只有孩子们还赤条条地在河里抓鱼摸虾，好不欢乐。

坝美村坐落在山坡上，如今也只有百十户人家，六百余口人，全部为壮族。那么壮族人的祖先怎么会落户到这样一

> 坝美地处我国喀斯特地貌区

> 东晋诗人陶渊明画像

> 坝美田园景色

> 人间桃源——坝美

> 出入坝美的通道

> 清澈见底的坝美河

> 坝美河流向远方

个与世隔绝的桃源仙谷呢?

追根溯源，相传九百多年前，北宋壮族领袖侬智高不屈民族压迫，起兵反宋，皇佑四年(1052)五月，他在邕州(今广西南宁)昆仑被狄青打败后，率兵退入继父侬夏卿为首的特磨道(今云南广南县)，至和二年(1055)宋朝廷派杨广文率兵围剿，侬智高率部下突出重围转移到阿科(今广南阿科乡)与宋军周旋，终因寡不敌众撤出阿科转战于开远、蒙自、丘北等地。其女儿在转移中逃遁到十分偏僻的坝美，改名换姓隐居，后来与一个壮族青年结婚繁衍后代，逐渐形成一支壮族村民，过着男耕女织的生活。

> 坝美风光

据老人们介绍，坝美这地方原来是一片沼泽地，没有人烟。几百年前，广东省南海地区江夏堂那边发动一场部落战争，强势部落很凶悍，打败了弱势部落。黎家因为同情弱势部落，被强势部落追杀，东躲西藏逃到坝美，一齐逃来的还有黄家、农家。每年献祖宗时，黎家最先到，献三十晚上；黄家第二到，献大年初一；农家最后到，献大年初二，此习俗保留至今。陆家是后来姻亲关系迁进来的。黎、黄、农姓的祖先到坝美后，从四面山上砍来一背一背的柴，把沼泽地垫干，在上面栽田种谷，繁衍人烟，并把这地方叫“坝美”。

> 安静祥和的坝美村庄

> 守护着坝美村的老榕树

数百年来，坝美人过着与世隔绝的农耕生活。耕地收割用的是木犁木耙，浇田灌溉用的是古老水车，碾米磨面用的是水磨和石臼，穿的是自织靛染的壮锦土布，唱的是传承了上千年的古老歌谣……世世代代，除了食盐需要外运之外，坝美的壮族几乎完完全全过着自给自足、与世无争的田园生活，守住一方桃源般的人间秘境。

春天，桃花掩映绿水，金灿灿的油菜花摇曳着春风。人们毫不避讳地在河里洗澡嬉戏，孩子们捉虾摸鱼，从小就有很好的水性。农闲时，人们喜欢在村子里最大的榕树下面唠唠家常、讲讲过往的故事。说起坝美的大榕树，它是村里最古老、最神圣的树，而且它知道的事情可不少，村里的人们农闲时就会聚到大榕树下讲起曾经的故事，从坝美的历史传说，到家长里短；从战乱纷纷到欢歌盛舞；从田里庄稼到甜蜜的情话，古老的榕树承载和见证着坝美最真实的感动。

在坝美，男人们喜欢坐在一起抽着水烟，讲着村里的故事，打发着时间。抽水烟可以静气凝神，寨子里的男人们很喜欢这样的休闲方式。走在坝美，和抽水烟的男人们聊聊天，听他们讲述村里的大事小事、过去与现在，打发一个幽静的下午。

在坝美，不会干两件事情的女人是嫁不出去的：一件是织布做衣服，另一件就是唱情歌。壮族女人很爱漂亮，心灵手巧，身上穿着的衣服全部由自己缝制，平日的打扮为黑头帕、花头巾，青、蓝、黑、白色圆领，宽袖、宽腰、左斜襟圆摆衣，黑色长裤，绣花布鞋；盛装时为黑底花格帕角包头，黑、蓝、紫色圆领，窄袖、窄腰、左斜襟鸟翅形圆摆衣，黑色百褶和长裤，脚穿绣花布鞋。

壮族山歌的“幺妹调”、“迎客调”、“敬酒调”等婉转动人，听说坝美村村长在大榕树下用老辈人教的老调子，硬是把村里的黄家美女对山歌对到了家中。

> 坝美村民的恬静生活

> 油菜花海

在坝美，水车绝对不是摆设，这里的水车有大大小小几十个，分布在坝美河的两岸。它们不仅是风景，更是承载人们田园记忆的最重要的意象，还是坝美最重要的生产工具。因为坝美人基本上还沿用着三百多年前他们先祖们到这里时就使用的农作方法，种田用的是木犁木耙，浇田灌溉用的是古老的木质水车，日出而作，日落而息。

由于交通不便，乡政府的政策无法到达这里，他们就自选村长，孩子们上学也只能到附近的法利村，只有周末才回来。村子里 60 岁以上的老人不识字，也不会说汉语，有的甚至从未出过洞。就这样，春风一来一去，一去一来，坝美游离在时间与地域之外，自得其乐。而那第一个发现坝美的外地人，他肯定似武陵渔人一样，惊叹这里的简单与纯粹。

坝美村至今还保留着传统的壮族民俗活动，寨里每年都按时节举行祭龙、祭祖、围鱼、对歌、龙垭歪、花糯米饭节、斗鸡、泼仙波、领夜种神田、耍狮子、踢叶子球、踢毽子等活动；婚丧嫁娶按风俗礼仪规定严格进行，至今保存坐家、吹树叶谈情说爱、春粑粑定亲、走着出嫁、送葬要献白、用筒钱杆等风俗。在游客多的时候，坝美村晚上就会有歌舞晚会，地点在古榕树旁的空地上，表演内容主要是壮族歌舞。

在坝美，寻找一份宁静，闲逛之余，偶遇河边聊天洗衣的壮家妇女、田野里玩笑打闹的孩童、奋力撒网捕鱼的壮家汉子，以及台阶前纳鞋底的阿婆，这一切只需要静静地看着听着，无需叨扰，只是感慨自己的到来是否是一个美丽的错误。

在坝美，几乎每个旅馆都兼有餐厅，食材原汁原味，新鲜可口。除了一些典型的农家菜之外，到了坝美，还有一些不得不尝：

五色糯米饭：五色是红、黄、绿、白、黑五色。红、绿、黑色均取用三种树叶汁的天然色素，黄色是用黄饭花的花冠熬出来的天然色素，几种植物色素

> 坝美村民始终保留原始生活习惯

> 坝美村的孩子在玩耍

清香无比。白色是糯米饭洁白的本色。天然色素有益无害，各有清香。

岜夯鸡：岜夯就是用红青菜或野菜制作的一种酸菜汤。将红青菜（或野菜）洗净、晾干，放入米汤内泡3~5日，其汤即为有酸味的红色汤汁。这样的酸菜汤配上鸡肉片，鲜香无比。

油炸粑："粑"就是用米面做成的类似饼一样的食物，可以蒸炸炒涮，吃法很多。这种油炸粑是把米浆放在模具里在油锅里炸，金黄金黄的像小蛋糕一样，皮是脆的，芯是软的，吃的时候要沾辣椒和盐，很好吃。

坝美最美的季节在每年的初春，这时河谷里开满了粉色的桃花，配上漫山遍野的油菜花，将田园风情演绎到了极致。

陇川目瑙纵歌

——太阳神宫里的盛大舞会

一千多年前，当景颇族祖先从青藏高原东缘的祖地，沿着横断山脉中古老的藏彝走廊一路南下，最终迁徙到怒江下游一片四季常青、阳光灿烂的土地时，他们狂热地欢呼，这就是他们心目中的太阳神宫……这片美丽富饶的土地就是滇西南德宏州的陇川。

陇川县地处中国版图的西南边陲，位于怒江下游，高黎贡山南端余脉纵贯，全境属南亚热带季风气候，全年光照充足，温润多雨。陇川古时候称作麓川故地，傣语称之为“勐宛”，意为太阳照耀的地方。

陇川自古以来就是云南通向缅甸和东南亚的重要通道，集边境、民族、口岸为一体，土壤肥沃、物产富饶、边贸活跃，有着最淳朴的传统文化氛围。

> 青藏高原东缘

> 藏族迁徙通道

> 美丽富饶的陇川

歌舞文化、阿昌刀文化、雕刻工艺文化、编制绣锦文化、饮食文化、酒文化、服饰文化、婚姻习俗、祭祀文化等，赋予陇川以美以情的内涵，吸引着越来越多的海内外游客前来探秘。

陇川文化底蕴丰厚，民风淳朴，民俗风情如诗如画；秀美壮丽的山川，不乏文物胜迹。傣族、德昂族的"泼水节"将洗去您一身的疲劳；阿昌族的"阿露窝罗节"朵朵鲜花为您绽放，还有傈僳族的"阔时节"、"刀杆节"让您亲眼看见"上刀山，下火海"的豪壮。这些民俗风情保存完好，是我国少数民族灿烂文化的一个重要组成部分。

陇川县旅游小镇章凤，古为西南丝绸之路出口，今为省级边境贸易口岸。隔南宛河与缅甸雷基相望，"一寨两国"独具异国风情。这里有宽阔的陇川坝，滚滚的南宛河，高高的景颇山，巍巍的玉兔塔，古老的皇阁寺，神秘的景颇园；户撒阿昌民族刀具、民族首饰制作精良；地方风味有景颇族的"绿叶宴"、"鬼鸡"，户撒阿昌族的"过手米线"等，颇具特色。

这里亚热带气候特征明显，具有得天独厚的气候环境，自然风光旖旎，物产丰富，一年四季枝青叶绿，鲜花常开，水果不断，民族风情浓郁，素有动植物王国之称。

广山景颇生态文化村，位于陇川县章凤镇芒弄办事处的广山村，村里的居民全是景颇族，保存着传统的民风民俗。村里建有景颇传统古老的民居、绿叶宴歌舞餐厅、目瑙示栋、寨门、龙尚等。“龙尚”，景颇语，汉语意为官庙，每个部落和大小山寨都有一座，多建在山官居住的村社。“龙尚”是一间没有四壁的简陋草屋，里面摆放着一些小竹筒，代表天鬼、地鬼、祖先鬼等。这些通称公共鬼，由全体成员供奉，保护整个村落。山官，景颇语叫“杜瓦”或“崩早”，为氏族贵族，既是整个村寨的世袭头人，也是村寨祭祀活动的主持人。

南宛河是陇川县第一大河，发源于护国乡野牛坝，自东北向西南蜿蜒贯穿陇川坝，全长约 60 千米。南宛河流经瑞丽市融入瑞丽江，后流入缅甸第一大河伊洛瓦底江，最后流进印度洋的孟加拉湾。

> 太阳照耀的地方——陇川

> 陇川阳光充沛

南宛河自护国山南麓潆洄九折，像一条玉带从章凤坝流过，正如它的名字一样珠光宝气，绰约多姿。南宛河壮阔秀丽，两岸青山屏立，远眺白鹭点点。

在富于亚热带情调的边地之夜，南宛河畔成了人们游憩的乐园，而乘竹筏在河中漂游，更是别有一番情趣，翠绿葱郁，竹林屹立两岸，小沙滩环列，由伊洛瓦底江逆江而上的丰富鱼类久负盛名。

拉影寨位于陇川县章凤镇以西 7 千米中缅边界 50-51 号界碑之间。拉影寨是历史上南方丝绸之路的通道之一，俗称“洋人街”，属我国和缅甸共有，东半为中国，西半归缅甸，一个寨子，两个国度。寨中有一棵大榕树，左右以竹篱、道路、地埂为界。两国边民同饮一河水，同赶一条街，同奉一所寺，共敬一株树。

玉兔佛塔位于芒（市）陇（川）公路东侧，距离陇川县景罕（乡）镇政府约 1 千米处。该塔是印度、缅甸、泰国佛教所公认的佛光宝地。

玉兔佛塔始建于 1610 年，传说释迦牟尼转世为玉兔时曾在该地出现，

> 景颇族——太阳神宫

并有一段玉兔救人出火海的佳话，故此塔又称玉兔佛塔。后曾几经波折，并于 1980 年重葺，由 1 大 8 小共 9 座涂金笋状佛塔组成，为小乘佛教（又称南传佛教）信徒朝圣之地。

每年傣历 4 月 15 日（农历正月 15 日）开始，举行盛大集会——“广母（佛塔）摆”（相当于庙会），历时 3 天，游众数万。每年傣历 11 月 23 日，谈佛聚会，时逢“出洼节”（佛教节日，又称“开门节”，与“进洼”即“关门节”相对应），各族青年男女欢聚游玩，俗称“摆少三”或“摆冒摆少”（青年节之意），热闹非凡。佛塔所建之处为坝子边沿突起的一处山丘，地势壮观；二百二十多级台阶直上塔院；山体古树参天，林木遮天蔽日；登上佛塔，陇川坝子风光尽收眼底，山后有水库，鸟语花香，格外幽静。

陇川也是我国景颇族最主要的聚居区域。景颇族的祖先最初是居栖在青藏高原东南部的氐羌人，从公元 7 世纪至 16 世纪，历尽艰难漫长的迁徙，其中的一部分景颇先祖最终来到陇川，定居至今，成为云南独有的少数民族。

景颇人有着山地民族特有的吃苦耐劳、热情好客、骁勇威猛的性格，长刀和筒帕是景颇男人必备的两件饰物和用具。

景颇族崇信万物有灵，其最盛大的节日就是一年一度的目瑙纵歌节。数万人踩着同一个鼓点起舞，规模宏大，震撼力极强，是中国西部地区的民族狂欢节，有“天堂之舞”、“万人狂欢舞”的美称。只要有场地，全世界的人都可以一起进行目瑙纵歌，它是世界上最壮观的集体歌舞。

“目瑙”是景颇语，“纵歌”是载瓦语的直译，意思是大家一起来跳舞。在德宏州景颇族聚居地，每年的正月十五前后就是目瑙纵歌节，村村寨寨都要举办目瑙纵歌。现在为了发展经济，发扬景颇文化，方便游客参与，当地政府有时也将时间略做调整。目瑙纵歌当初是为最大的太阳神“木代”而举行的隆重祭祀活动。在景颇山寨，目瑙纵歌按其内容可分为祭祀木代贵族的“木代”目瑙、出征的“达如”目瑙、重大迎宾或节庆的“克拉”目瑙、祝

> 景颇族英雄

> 景颇族目瑙图腾柱

寿举行的“柱罢丽”目瑙、起义时的“共润”目瑙等10种之多。

目瑙纵歌盛会历史悠久，源于美丽动人的传说：远古时候，大地上的人们并不会跳“目瑙”，只有天上的太阳神“木代”才会跳。有一年天空出现了9个太阳，不分昼夜地炙烤着大地，大地上河水被晒干，石头被晒炸，人类和各种鸟兽都面临死亡的绝境，就聚集在一起共商对策，公推百鸟到太阳宫去求太阳神。百鸟带上金银财宝，飞到太阳宫，请求太阳神每天只出一个太阳，并分出昼夜来。肩负拯救大地上的人类和生灵重任的百鸟，有幸参加了太阳宫里太阳神举行的“目瑙”，并以优美的舞姿和歌喉博得太阳神的欢心，太阳神欣然答应了百鸟的请求，将9个太阳减去8个，只剩下如今的1个。百鸟返回大地时，见一棵黄果树上结满了香甜的黄果，百鸟一时高兴，便仿照太阳神的子女，在吃果子之前，聚集在一起推选孔雀做“瑙双”（即领跳者），在黄果树上欢快地跳起了“乌目瑙”（即“鸟目瑙”）。宁贯娃是景颇族中神通广大的创世英雄，被百鸟那欢快的舞蹈场面所吸引，便情不自禁地模仿百鸟欢跳起来。不久，宁贯娃在木折省腊崩（景颇族的发祥地）日月祖宗山脚下，用手指划出平坦宽阔的“祥信央坝”作为目瑙纵歌舞场，举行了人间第一次目瑙纵歌盛会。从此，“目瑙纵歌”活动便广泛在景颇族地区流传开来。

目瑙纵歌一个重要的标志就是目瑙示栋，是为了纪念景颇族先人宁贯娃首创“目瑙纵歌”而设立的祭坛。示栋竖立在目瑙纵歌舞场中央，是景颇族群众心中最神圣、最崇敬的图腾。示栋一般由四竖二横六块厚实的长方形木牌加底座组成，用红黑白绘就不规则的螺旋形几何图案，中间两竖牌稍高，左边为雄牌绘就太阳图案，右为雌牌绘有月亮图案，代表景颇族从青藏高原日月山迁徙而来，同时也表示阴阳搭配和人类离不开太阳和月亮。下面螺旋形舞蹈图案，代表景颇族祖先当年迁徙的路线。再下是犀鸟和孔雀领舞的传说图案。两侧稍矮的牌子是祖宗男女桩，顶端绘有祖先发祥地——“木折省腊崩”。左桩下面画着菱形宝石图案，右桩下面画着波

> 目瑙纵歌节场景

> 目瑙纵歌领舞——瑙双

> 目瑙纵歌吹奏乐器的景颇人

> 景颇族目瑙纵歌

纹形迁徙路线。再下面均是象征人类繁衍的厥叶花，象征各民族团结的南瓜子，象征消灾辟邪的牛头和人类生殖繁衍的乳房。横的上面一块绘有田地图案，下一块绘的畜禽、五谷图案，阴阳雌雄桩之间有交叉的刀和剑相连，表示景颇人民生活离不开刀和剑，也体现景颇人民的英勇果敢精神。目瑙纵歌不仅具有悠久的历史传统和广泛的群众性，而且集中表现了景颇族的历史起源、宗教信仰、道德观念、音乐、舞蹈艺术和文化艺术特点，是研究景颇族社会历史，以及民族学、民俗学最好的活的材料。

在历史上，竖目瑙示栋之前要全村寨的董萨念村寨鬼（一种祭祀），形成祭祀高潮，连续三天的祭祀后，才能将目瑙示栋竖起，顿时，整个目瑙纵歌场欢呼雀跃，场面极其热烈。如今在目瑙示栋正中置一面大鼓，两侧悬几面大锣（当地叫铓），在目瑙纵歌开始进行前，由董萨对目瑙纵歌场四方大门进行祭祀、驱鬼。

景颇族的目瑙纵歌极其讲究，没有瑙双的领舞是不能开场的。瑙双由4名巫师头戴由犀鸟头做成的鸟冠，鸟冠四周缀有野猪獠牙，后面插有孔雀羽毛或者雉鸡羽，身穿红绿绸缎制成的龙袍，身披银袍，手执长刀。瑙双排成两列，前面二人称为武双，后面二人称为文双。目瑙纵歌开场前，先后由瑙双、瑙巴（相当于助理）、祭司和助手组成的祭祀舞队带领参加跳舞的人在激昂的鼓声和锣声中，踩着同一节拍进入舞场。舞阵排成两列纵队，瑙双手拿长刀引舞领路，后面舞者男人手拿长刀，女人手拿扇子或者手绢，按照瑙双带领的各种路线围绕目瑙示栋踩着同一鼓点进入舞场跳舞。

每到目瑙纵歌节，景颇族村村寨寨、男女老少，身着节日艳丽的民族服装，成群结队，敲锣打鼓，兴高采烈地聚集到纵歌场。各景颇族支系穿着不同的服饰，在瑙双的带领下，列队加入纵歌队伍中，舞场中鼓乐声和着景颇族歌声响彻整个广场。男子手中长刀上下舞动银光闪闪，妇女手中的扇子或手绢翻飞，衣服上、筒帕上银饰耀眼夺目，铮铮作响。舞者完全沉浸在一种陶醉和忘情中，口中情不自禁地唱出“哦……然、哦然、哦然……”的欢呼声，场面蔚为壮观。鼓声、锣声节奏鲜明，声势浩壮，山谷应声，雄壮的歌声感染着场内场外每一个人，景颇人民像喝醉了香甜的米酒一样激情奔放。舞场上，一些景颇族妇女不断将竹筒中的水酒敬给舞者。成千上万的舞者在瑙双带领下，沿着他们心中祖先迁徙的路线，时而穿插，时而环绕，进退有序，上万人的队形随着鼓点的变化，舞步随之改变，毫不紊乱。围观者经不住壮观场面的感染，纷纷加入队伍中，舞场一般可容纳数万人同时跳舞，时间可以持续十多个小时而不散。目瑙纵歌跳双不跳单，一般通常为四天，举行目瑙纵歌之前要请董萨测算日期。每次举办目瑙纵歌节，与德宏相邻的缅甸各地都派出数百人的代表队祝贺和参与，目瑙纵歌增进了中缅两国人民之间的友谊。

程阳八寨
——最美的侗族桥乡

在 2010 年上海世博会广告中，一座由侗族民间工匠打造出炉的“侗乡风雨桥”微缩模型惹人眼球。它的原型就是世界四大古桥之一的“程阳风雨桥”，它坐落在素有“侗族桥乡”美誉的程阳八寨。

边城往往是地理位置上偏僻、处于数省市交界的区域，所以不为人所熟知。但是恰恰是这样，边城保留了一些相对而言传统的东西，适合怀旧的人去追寻。

作为侗族自治县，三江拥有中国最完好、数量最多、分布最集中的侗族建筑群。程阳，地处湘、黔、桂三省交界的边地，广西柳州市三江侗族自治县县城古宜镇以北 20 千米处。

> 柳州市三江县城古宜镇

> 程阳千户侗寨

传说很久很久以前，程阳本是荒芜之地。后来，两位分别叫“程”和“阳”的男子一个从北一个从南携家眷至此，架屋定居，开荒种田，生息繁衍；再后来，杨、吴、陈、李、石等姓又先后迁来，与程、阳两姓共同开发这片古老的家园。大伙都公认程、阳二氏是这块土地的祖先，就把这个地方叫做“程阳”。

古时候的程阳就有“千户侗乡”的美名。它由 8 个侗族自然村寨连成一片，俗称“程阳八寨”，分别由大寨、东寨、平寨、岩寨、马安、平坦、平铺和吉昌 8 个侗寨组成。

程阳八寨历史悠久，民族文化多彩多姿，源远流长，保存完整，极富特色，是南侗群体的典型缩影。程阳八寨，寨寨有自己的寨门、鼓楼和风雨桥。木结构吊脚民居鳞次栉比，寨前寨后梯田片片，碧草青青，古老的水车三五连排，构成一幅幅自然与人完美结合的亮丽景色；潺潺的林溪河自北而南蜿蜒而过，如祥龙摆尾，似玉带飘忽，哺育着程阳八寨的世代寨民。

步入景区，就能观赏到古朴的风雨桥群、鼓楼群、木结构吊脚群和美丽的梯田群、水车群等侗寨风光，欣赏原汁原味的民族歌舞表演，参观典型民居和侗族工匠世家，品尝别具风味的侗族餐饮，领略侗族独特的习俗。

> 丘陵起伏，溪河环绕

> 侗寨周围绿树环绕

这里地属桂北南岭湿润区，丘陵起伏，溪河环绕，气候温润多雨。

依照侗族的建寨习惯，程阳八寨均建在河溪两岸绿树环抱的山坡上，民居至今保留着古代百越人的杆栏式吊脚木楼的建筑样式。侗族民居通常是一家一栋，吊脚木楼通常为三四层，家家户户廊檐相接，楼板互通，有道是“侗屋高高上云头，走遍全寨不下楼”。

有侗寨的地方必有鼓楼。鼓楼是侗族民族精神的象征，侗族人视

> 程阳风雨桥

> 侗寨鼓楼

它为寨魂、寨胆、族徽。鼓楼是侗族村寨的活动中心，是村民议事、典礼、迎宾和歌舞娱乐的公共场所。它通常下部呈方形，飞檐重阁，形似宝塔，高耸于寨子中央。而整座寨子的民居则依着山势、围绕鼓楼呈放射性铺展而开。鼓楼是侗寨的心脏，是侗族人合议大事和举办节庆典礼的重要场所。

> 侗族民居大多是杆栏式小木屋

> 侗屋高高上云端

鼓楼内设长形皮鼓，遇事则鸣鼓聚众，因而得名。程阳八寨现有鼓楼9座，其中平寨鼓楼修建于清道光元年，历史悠久。近年新建的岩寨鼓楼屹立于村寨之中，挺拔壮观。整座建

> 侗屋相连

筑由梁枋横穿直套，联成一体，封檐板白底彩绘，画凤雕龙，檐角翘飞如翅，楼顶贯铁锅瓦罐抹灰形成的葫芦串，古色古香，风格奇特，既得古建筑之遗风，又具因地制宜之异趣。

走进程阳八寨，您会发现，最漂亮的建筑是风雨桥。侗族自古就认为在寨子外建桥能避邪纳福，保佑寨子风调雨顺，故称之为风雨桥。侗族人认为，桥能给人带来福音、带来希望，是生命之桥，每一条生命都是从风雨桥走到人间的。所以，侗族人把风雨桥修建得富丽堂皇，以吸引更多的生命来到自己的寨子里。侗族风雨桥集桥、廊、亭三者于一身，在中外建筑史上独具风韵。

程阳景区内有永济桥、普济桥、合龙桥、万寿桥、平安桥等五座风雨桥。其中名扬中外的就是横卧在林溪河畔的永济桥，堪称侗族风雨桥的杰出代表，以其精湛的建筑技艺和雄伟英姿闻名于世。1965 年 10 月，郭沫若老先生欣然题写“程阳桥”匾名，并赋七言律诗一首赞美该桥。

永济桥始建于 1916 年，为二台三墩四孔的石墩木结构楼阁式建筑，桥长 64.4 米，宽 3.4 米，高 10.6 米，集桥、廊、亭三者于一身，浑然一体。1982

年 2 月 23 日，程阳永济桥被国务院批准为全国重点文物保护单位；2008 年 6 月，被评为“世界十大最壮观的桥梁”称号。

与鼓楼一样，侗族的风雨桥不用一钉一铆，全部结构以木榫衔接，凿木相合，体现了侗族建筑艺术的精华和独特的智慧。

无论修建多么复杂的民居、鼓楼和风雨桥，侗族民间工匠们都无需图纸，仅凭一根画有特殊符号的半边竹竿（俗称“香竿”），两扎五寸左右的短竹签就以平地立高楼，陡坡起大厦，建造出许多雄伟、秀丽的建筑物，实在令人赞叹，使人钦佩。

平岩村岩寨屯的杨似玉家祖祖辈辈都是当地有名的工匠，他的祖父就是程阳桥的主要创建者之一，深受当地群众的尊敬。1997 年香港回归时广西壮族自治区人民政府赠给香港特别行政区的珍贵礼物“同心桥”就是杨似玉和他的父亲杨善仁依据程阳永济桥的结构比例精心制作的。2007 年，杨似玉被文化部先后授予“中国艺术大师”和“国家级非物质文化遗产代表

> 永济桥

> 拾阶而上永济桥

性传承人”称号。

程阳八寨不仅具有独特的侗族建筑工艺和一大批民间工匠，而且民俗风情十分浓郁。拦路迎宾、芦笙踩堂、琵琶情歌、“百家宴”等场面热闹非凡。侗族大部分地区结婚多在春节期间举行，程阳侗族的婚礼更是简朴而神秘，程阳八寨的小伙子和姑娘到了结婚的年龄后，一般总是选择在农历新年里举行集体婚礼，而且时间上的统一和婚礼的神秘气氛堪称世界一绝。

程阳八寨的许多男青年都选择在大年三十晚上 12 时以后的某个良好时辰到自己中意的女方家里去，在征得女方父母同意后偷偷地把女孩接到男方家中，其过程简单而神秘，但绝对不可以张扬出去，因为去的时候谁都没有把握一定能够把女孩接回家。不过接到家门口后必须放一串鞭炮，以示自己娶新娘成功，四邻八方亲朋好友听到鞭炮声后也在半夜三更爬起来，一起到男方家里去喝油茶祝贺。当晚上鞭炮响得越多，就说明那天晚上娶的新娘子越多。大年初一一大早，新娘起床生火后，就在男方家

> 风雨桥

> 程阳千户侗寨全景图

一大帮姊妹的陪同下，接过婆婆递过的扁担和水桶到寨上的井水去挑水游寨子，意味着从此以后自己将是这个家的女主人，将要挑起这个家的重担。整个寨子的人都去看新娘挑水，一是了解谁家娶了新娘，二是想看谁家的新娘长得最俊俏。

初一早饭过后，你会看到村村寨寨的小伙子到新娶媳妇的新郎家看新娘。如果新娘是他们认识的或者是之前曾经谈过恋爱的，他们就会闹着要新娘给他们打油茶吃，作为最后一次油茶告别会。您还会看到新娘家姑娘给新娘送换洗服饰。一担担用竹篮装好叠得整整齐齐的侗服、布鞋，标志着新娘心灵手巧的织布手艺。

初一大年，村村寨寨的鼓楼里面的老人家聚集在一起，手拉手肩并肩唱起耶歌，内容一般是祝福新年、新春、新社会、歌颂好村寨、好生活，俗称“耶踩年”。

大年初二当天，所有在年三十晚上娶得新娘的男方家，宰猪杀牛，大办特办喜酒，可分为早、中、晚餐和初三的早餐。所宴请的都是新郎家的亲戚朋友，新娘方是没有份的。从早上一直喝到晚上，那一天你会看到忙忙碌碌的送礼的人群川流不息。鞭炮声不断，笑声不断，叫声不断，而被灌醉酒的人也被人不断地抬来抬去，热闹非凡，景象甚为壮观。

大年初三，是送新娘回娘家的日子，也是这场婚礼的重头戏和高潮，丈母娘一大早便派出自己最得力的人带上金银首饰、崭新的新娘服前往男方家，把新娘打扮得漂漂亮亮，而男方家则准备了上百号人的送亲队伍。最抢眼的是三百多斤重的大肥猪，猪的身上涂满红红的猪血和贴了大红剪纸的双喜，几个青年用粗大的青竹竿抬着大猪吆喝着，边走边放着鞭炮，烟香缭绕，整个寨子热闹非凡，到处喜气洋洋。

每年正月初二的接新娘、二月二十五的花炮节、十月的吃“冬节”，都会让人流连忘返。

梭戛苗寨
——中国第一座生态博物馆

这悠扬的歌声来自贵州西部的大山深处，这些跳着古朴舞蹈的姑娘，更让人铭记的是她们极具特色的盘头。

这里就是中国政府与挪威王国合作创建的中国第一座生态博物馆——梭戛生态博物馆。

梭戛，地属中国贵州省六盘水市六枝特区北部的乌蒙山腹地，乌江水系三岔河北坡地带，系典型的喀斯特岩溶地貌，山体的石漠化现象较为严重，属中亚热带季风气候，冬无严寒，夏无酷暑。

梭戛苗乡由 12 座苗寨组成。据史料记载，他们的祖先系清朝初期为躲避战乱而遁入深山荒野的苗人。梭嘎的苗人自称“箐苗”，如今人口不足 5 000 人。梭戛苗人最鲜明的标记就是女性头上的头饰：先是在头发上缠上二尺余长的牛角状木板，然后用最多达五代祖先留下来的头发和麻线盘结成牛角状，整个头饰重达 2 ~ 3 千克。所以，他们又被称为长角苗。苗族分布异常广泛，而且地域和文化差异极大，有所谓“百苗”之称，长角苗就是其中一支。

从六枝城区出发，驱车 1 个多小时到达梭戛苗寨，长角苗居住地只限梭戛苗寨 12 寨，据说，长角苗至今仍然保持严格的内部通婚制度，而家族内不通婚。

所谓长角苗应该属于小花苗中的一支。传统意义上的长角苗头饰并非银饰，而是用日常梳发时掉的发丝搓成的线，宽约 10 厘米，长约 130 厘米，厚度 4 厘米左右。如今，搓发的手艺逐步失传，发丝中逐步掺入了现代意味十足的毛线，这也在很大程度降低了头饰的重量，即便如此，4 ~ 5 千克的重量也指的是这种改良版的头饰，而非原生版。原生版的重量据说最高能到 6 千克。

> 乌蒙山

> 梭戛苗寨

> 六盘水六枝特区

盘头的过程并不复杂，先将长长的发饰线用手梳理直，然后将头发散开，重新绑上弯月形的木板，再将发饰线事先编好的一个圈子套在弯月形木板的一端，逐步将黑色发饰线缠绕在木板上，最后用白色的发饰线缠绕固定黑色的发饰堆。整个过程需要 10 ~ 20 分钟，当然，不熟练者也需要其他人帮忙固定头发，缠绕发饰堆，固定发饰。

长角苗的服饰色彩颇为鲜艳，妇女的服装后还有尾翼，据说是模仿箐鸡，加上头上的头饰，类似鸡冠，难免让人认为箐鸡是长角苗的图腾，但在他们的日常生活中，箐鸡并非是具象的图腾，反倒是苗族有箐鸡舞，以及用箐鸡来形容少女的美丽。由此看来，箐鸡仅仅是长角苗认为装扮美丽的样板而已。长

> 梭戛苗寨的日常生活图景

角苗又称“箐苗”，由此可以看出箐鸡对长角苗的重要性。

几百年来，梭戛的长角苗在这片土地贫瘠、与世隔绝的崇山峻岭中，过着日出而作、日落而息、男耕女织、自给自足的平静生活，民俗民风也就原汁原味保存完好，其中以婚嫁、丧葬、跳场等最为独特。

每年春节，农历正月初四至十四的跳花坡，是长角苗青年谈情说爱的好时机，也是一年中最隆重的节日。这段时间，男青年都得走村串寨与女青年对歌。他们拿着竹质芦笙、口弦琴、竹笛，或者摘几片木叶，来到中意的女孩家门前对歌。

> 梭戛苗寨苗族妇女的传统头饰

若男方赢了，女方才能开门让其进家。小伙子先给老人磕头，老人对小伙说几句希望的话、祝福的话，然后设宴共饮。经过两三天对歌，双方若产生感情，小伙子便在女方家住上几天。

接着，便由双方媒人谈判，讲定礼金。如果女方家杀鸡摆酒待客，卜鸡卦“合”表示吉利，那么，就意味着男方可以择定吉日完婚了。

长角苗在谈恋爱时是非常开放的，过去每个寨子都有几个花棚，专供男女青年谈恋爱用。对于他们来说，性爱就是拥抱和亲吻的自然延续。一旦结婚后，要求就会非常严格。这些习惯到现在仍没有大的变化。

葬仪是长角苗精神文化中一个非常重要的组成部分，这是个特别重视死亡的群族，每一次的死亡仪式，都是与他们远古祖先一次心灵的交流和沟通，是一次全族对于自己历史和传统文化的复习。

在无数次的演练中，民族记忆得以强化，群体意识得以巩固。通过死亡的仪式，在信仰的层面上，长角苗将逝去的远古祖先居住的地方叫做“打

> 生活在梭戛苗寨的长角苗

> 正在跳舞的苗族少女

戛”，意为老人成神，把老人送到祖先居住的地方去。“打戛”有极严格的规矩：死者必须是正常死亡，少年早逝者、暴病或遭殃而死者都不能进行这种仪式。如果死者是老年男性，长角苗 12 个寨子都必须来送礼、哭丧、致哀。长角苗素有生死相怜的传统，哪家有丧事，大家都会主动来坐夜（守灵）。哭丧的人数越多，表示死者的身份地位越高。坐夜时吹奏唢呐，跳芦笙舞，喝酒唱歌，直到出丧。家家自愿送上一升包谷，姑妈娘舅家则送牛羊等牲畜，并由仪式总管在竹竿上刻画符号，记载礼品数量，以便日后还礼。鬼师根据死者的年龄、属相等选定方位。在山上塔起一座戛房，造型奇特而辉煌。据说，这戛房是为死者在另一个世界遮风避雨的。死者被抬到“戛房”中，12 个寨子都要来“绕戛”，仪式完毕之后，几个年轻小伙子就会以迅雷不及掩耳的动作砍倒戛房，举行“开路”仪式，沿着祖先所在的路途将死者抬到山上去安葬。3 日之后，还要举行灵魂告别人间的仪式，整个葬仪长达 5~7 天。一切都在鬼师的带领下，按部就班地进行，不得有丝毫马虎。仪式从头一天的傍晚开始，12 寨的女人们轮流为死者唱丧歌，跳芦笙舞，杀牛宰羊，全体参加“打戛”的人分享掉这些牛羊肉，并喝掉上千斤的酒。据说这样一来，牛羊的灵魂就会跟随死去的老人到达另一个世界，让老人在那边生活富足。举行葬礼的村寨这几天家家都会敞开大门招待来自其他各寨的客人，整个葬礼仪式规模空前，犹如一次盛大欢聚的节日。如果您有幸碰上这样的仪式，一定会对长角苗特殊的文化习俗有更深刻了解。

> 长角苗妇女在手工织布

长筒三眼箫是苗家最有特色的乐器，用它吹奏的音乐低沉徘徊、如泣如诉，大雾弥漫时听，更是委婉犹如仙乐。长角苗的大芦笙声音低沉呜咽，宛如诉说着战争给他们带来的无尽苦难，常用于祭祀、葬礼活动。长角苗的芦

> 女孩之间在整理头上的发饰

笙乐器即使吹奏的是欢快曲调，也仍显得委婉有余而高亢不足，不像其他苗族音乐那样短促明快。

长期自给自足的生活方式，使长角苗形成了丰富多彩的民族工艺技术，其中最有特点的是挑花、刺绣、蜡染、羊毛制品等。由于自然经济状态下男女性别角色的分工，这些工艺技术，从种植到纺麻织布，到染色刺绣，均在家庭内部由女性来完成。长角苗的蜡染以天然植物为染料，质量甚高。长角苗妇女个个都是画蜡高手，绘制时不需打样，只凭头脑构思，手工绘画。所画直线、平行线、方块、圆形等图案规范而精巧，堪称一绝。刺绣是女性从小就开始学习的课程，她们的聪明才智都倾注在其刺绣作品上。这些刺绣精品争奇斗艳，是长角苗的文化瑰宝。

和苗族人其他支系一样，长角苗也没有文字，却有一种古老刻竹记事的

> 梭戛苗寨旁的河流

> 梭戛苗寨的山水景观

> 晨雾中的梭戛苗寨

简单记数符号，按一定的规定刻于竹竿上，主要用于丧事时记录礼物礼金，现在只有寨里鬼师等少数人才能识别。

长角苗的女人是他们文化传承的主体，她们一生坚守着长角苗的生活方式。无论是生儿育女、生产劳动，还是画蜡绣花、跳花坡、唱歌跳舞……她们都是主角。她们也是自身文化的教育主体，从少年起就开始学习纺麻、织布、蜡染、刺绣等工艺，这是她们毕生从事、人人皆精的生活技能，日习夜做，从不止息。这一切都是长角苗女人生存的必需，也成为她们对自己的终极价值判断和生活信念。

长角苗的民居以木结构草房和土墙草房为主要建筑，有少数人家盖了石头房屋。目前政府加大了扶贫力度，给他们都盖上了石头房屋。

由于长角苗社区平均海拔在 1 600 米以上，整个地貌中万山似海，一年四季浓雾弥漫，平均气温在 10~15℃左右。据戛陇的老人们说，这里曾经是一片原始森林，鸟兽成群，长角苗的男人们因此极善打猎。

1971 年，在法国巴黎近郊的一个工业小镇，诞生了世界上第一个生态博物馆，至今全世界已有生态博物馆三百多座。亚洲有 4 座，均集中于贵州。生态博物馆就是原封不动地把整座村寨连同其中居民的习俗当做“遗址”，采取一些保护措施，将其保存并展示出来。

挪威博物馆学家约翰 · 杰斯特龙认为，生态博物馆的观点对于处在多数或统治地位文化包围之中的少数民族及其文化精华的保护和延续，具有

> 通往苗寨的山路曲曲折折

重要意义。生态博物馆向社会提供的是一个正在生活着的社区的环境、经济、文化的整体，是一个正在生活着的社会的活标本。同时他也认为，生态博物馆从它诞生的那一刻起，就应该考虑到经济问题，只有与老百姓的生活联系在一起时，才能得到政府的支持。

“总而言之，生态博物馆并不是讲述一个阳光灿烂的故事，而是讲述着一种生活，生活毕竟是生活。” 约翰 · 杰斯特龙说。

梭戛生态博物馆 1997 年建馆，1998 年对外开放。至今，已先后接待了挪威、法国、日本、美国等二十多个国家和地区的人士到长角苗社区考察、观光、旅游，接待中外游客 8 万多人次。人们在欣赏长角苗古老独特的风情文化的同时，也对这里的贫穷落后留下了深刻印象。随着与外部世界接触的增加，长角苗族人对自己的生存状态也产生了强烈的改变意识。现在，许多上学的长角苗女孩子，已经改穿汉装。

家族血缘和氏族间的婚姻关系，紧密地维系着梭戛 12 个长角苗寨休戚相关的命脉；长角苗至今用他们独特的发髻，把祖先的记忆戴在头顶。在漫长的岁月中，梭戛长角苗守望着族群的历史印记。

丹巴
——横断山中的千碉之国

2005 年，《中国国家地理》杂志举办了一场大型的“中国最美的地方”评选活动，有一个默默无闻的地方在丽江、婺源、图瓦等众多知名的候选地中脱颖而出，一举当选为“中国最美的六大乡村古镇”之首，这就是丹巴。2006 年，丹巴古碉群被国务院公布为“全国重点文物保护单位”，国家建设部、文物局授予丹巴梭坡莫洛“中国历史文化名村”，四川省授予丹巴“藏寨风情文化之乡”；2007 年，中路藏寨被评为“中国景观村落”；2009 年，丹巴嘉绒藏族风情节荣获“中国 · 四川十大名节”第一名；2010 年，丹巴荣获“四川省乡村旅游示范县”称号。

横断山脉，是我国最为重要的南北走向山系。在它的东侧邛崃山下、大渡河畔，坐落着一片有着千年文明的古地，这里，便是“千碉之国”——丹巴。

这个深藏在横断山脉中的世外桃源，曾经是法国卫星找寻的神奇之地，如今在世人面前逐渐揭开了神秘面纱。这里有5条江河汇集、5座大山环抱、5万多人口、5种不同方言、五千多平方千米的面积……丹巴，藏语名为“诺

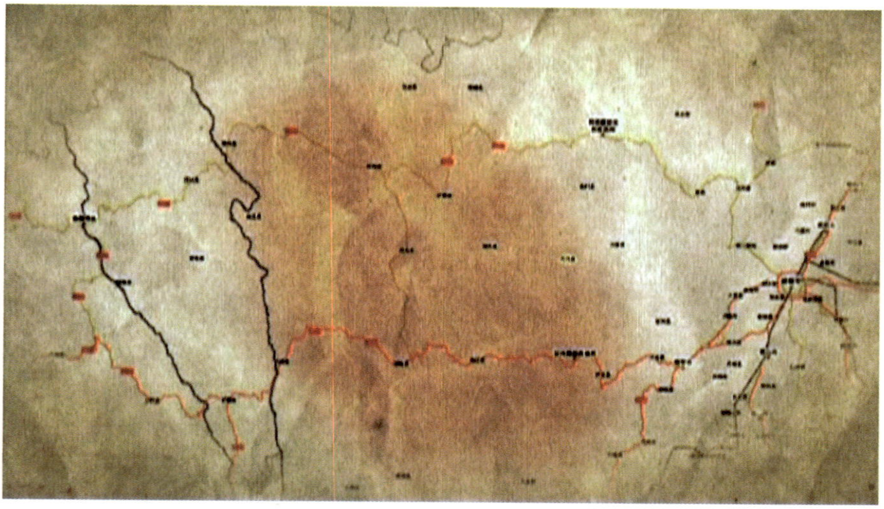

> 丹巴地图

> 坐落在横断山脉中的丹巴

米章谷”，意为下部农群岩之首。

丹巴县位于四川省西部，甘孜州东部，距成都 368 千米，是嘉绒藏族风情文化的中心和四川省川西旅游大环线上的重要承接点。在丹巴的东面和东北面，是著名的卧龙自然保护区、四姑娘山风景区和黄龙、九寨世界自然遗产保护区；在丹巴的南面和西南，有举世瞩目的泸定桥、蜀山之王贡嘎山风景名胜区、海螺沟冰川森林公园和情歌故乡——康定。丹巴全县辖区面积为 5 649 平方千米，下辖 1 镇 14 乡，居住着以嘉绒藏族为主体，并兼及汉、回、羌等 15 个民族，共 5.6 万余人。在丹巴这片美丽的土地上，群峰高耸、峡谷纵列、河流湍急、森林密布、草原辽阔，以及众多的冰川、湖泊、温泉等有机地组成了这里独具特色、雄伟绮丽的自然景观。这里气候宜人，冬无严寒，夏无酷暑，年均气温在 14.2℃左右，夏季最热时的平均温度也只有 22.4℃，四季皆宜游览观光。丹巴县城海拔 1 860 米，全县最低海拔 1 700 米，最高海拔为 5 820 米，相对高差为 4 120 米，所以，又有着“一山有四季，十里不同天”的气候特点。

> 峰峦层叠，峡谷深邃

> 丹巴地区地形高差大

横断山脉地区遗留、散布着大量的古代碉楼，其中，保留最为集中完好的地方，便是丹巴。

古碉楼，是一种以泥土和石块建造而成的塔形建筑。其外形一般为方柱体，有四角乃至八角形，少数达十三角，高度一般不低于 10 米。从古至今，碉楼一般是作为民居使用的，但在特殊的历史时期，碉楼也曾发挥过其与生俱来的军事建筑特质。

丹巴的古碉楼历史，可追溯到秦汉时期，称“邛笼”。秦汉时期，“邛笼”的营建者冉马龙部落，主要生活在四川阿坝州和甘孜州地区，分布在

> 横断山脉的众多碉楼

> 丹巴碉楼

岷江上游一带，即现在的茂县、汶川、理县等地。到隋唐时代，这种碉楼在四川西部和整个藏东地区盛行起来。丹巴的碉楼也源自羌碉，但其宏大的规模，已远非羌碉所能比拟。它的施工不用脚手架，建筑作业在内部完成，没有图纸，完全凭工匠的经验，石块之间依靠泥土黏结。

> 丹巴气候属青藏高原型季风气候

丹巴的碉楼大多与民居寨楼连为一体，因此，没有一座碉楼可以直接从地面进入，入口都在三四米以上，往往都是与之相连建筑的屋顶。

> 丹巴碉楼建筑近景

在西藏最古老的宗教——苯教，

> 碉楼大多与寨楼连接

进入横断山脉地区后，碉楼被赋予更具有形式感的宗教色彩——楼盖得越高就越接近天神。

丹巴的碉楼建筑有四角、五角、六角、八角之分。高度从 10 米、20 米逐渐发展到 30 米、35 米。碉楼功能较多，建于村寨要道旁，交通要隘、关卡等地的称“军事防御碉”；专门为土司守备而修的叫“官寨碉”；村寨中心，用于镇魔的八角碉叫“风水碉”，此处，还有警碉、界碉、房中碉等等。据藏文经书记载，在方圆数百千米的嘉绒藏区仅有 3 座十三角碉，

> 楼盖得越高越接近天神

> 墨尔多神山

丹巴境内就有2座，至今它们仍然挺立于藏寨碉楼之间，气势雄伟，坚如磐石，虽经历千年风雨洗礼却神态依然。碉楼的主要建筑材料是山石、泥、麻筋、木头等。麻筋由红麻秆或青稞秆、麦秸秆制成，将麻秆砍成寸段，捶绒即成麻筋，和在泥中，黏性很强。碉楼由上下左右大小石料组合，错缝修砌，棱角分明，表面光洁，如刀砍斧劈。千百年来，古碉经受了战争和风雨的剥蚀、地震的考验，却巍然屹立，有的久已偏移而不倒，有的弯曲为弓而自成奇景，其建筑艺术鬼斧神工，精妙绝

> 能歌善舞的嘉绒藏民

> 丹巴春色

> 生活在丹巴的嘉绒藏族

伦。古碉的每一个角，每一块石头，每一铲泥巴，都是藏族先民用血汗所铸，同时也写下了藏族建筑史上光辉的一页。

而苯教的神山，则为“墨尔多神山”，其主峰海拔约为 5 000 米，在大、小金川流域汇合处的丹巴县境内矗立。

生活在“墨尔多神山”周边的藏族被称为“嘉绒藏族”，自古就信奉苯教，其族名因藏语“嘉莫墨尔多”而得名，意指“墨尔多神山四周”。

嘉绒藏族是个能歌善舞的民族，有当地谚语为证：“不会唱歌的是头牦牛，不会跳舞的是根木头。”他们的锅庄歌舞是在长期的生产劳作和社会实践中形成的，自成体系，独具特色。

在重大喜庆活动时，嘉绒藏族更是会着盛装出席锅庄仪式。男人们要佩戴饰物，并戴上皮帽子和穿上皮靴子，而女人们则有头顶镶有花边的顶盘，缀满银饰、珊瑚等饰品。

可以说，正是由于横断山脉的阻隔，才使得丹巴地区的人文遗产和民族风情得以穿越时空，绵延至今……这里有恬静如诗的乡土民居，有独具一格的古石碉楼，有多姿多彩的民族风情，有源远流长的女国遗风，以及以牦牛谷天然盆景和党岭风光为代表的壮丽迷人的山水美景，素有“甲居游藏寨，梭坡观碉群，丹巴底赏美女，中路看汉子，党岭、牦牛谷泡温泉”之说。

整个丹巴的地形是由五条山脉和五条河流构成的“五指星”鱼状，这在地质学上被称作“旋涡状旋扭结构”地形，这种地质地貌形态，不仅在我国，就是在世界上也是极为罕见的。丹巴“旋涡状旋扭结构”的旋心就是县城章谷镇，整个丹巴的自然景观都是以章谷镇为中心呈 360° 辐射状沿五条河流和五座山脉向周围伸延。

丹巴有着 5 000 年悠久文明史。根据目前的历史学、民族学、考古学、语言学等学科的研究资料表明，丹巴这个地方，是我国西部彝藏民族大走廊的核心地带，数千年来，就是众多羌、夷古部落相互交错杂居之地，是藏、羌等民族频繁迁徙和互相融合之地。近现代以来，又有汉、回等少数民族相继迁入，这里不仅历史文化积淀十分丰厚，而且多元文化并存的格局也分外明显。从总体来看，其历史文化不也同样具有“旋涡状旋扭结构”的样态吗？从这个意义上讲，“旋扭之地”便是丹巴自然与人文旅游资源有机叠合和最形象的概括。

丹巴是一个历史悠久、物华天宝、地灵人杰的吉祥宝地。绮丽的自然风光与独具特色的嘉绒风情、人文景观交相辉映。在这里，当你置身于“旋扭之地”的旋心章谷镇，就会亲眼目睹大金河、革什扎河、东谷河、小金河滚滚而来，相汇而成大渡河，又滔滔而去的动感画面；目睹白菩萨山、拥波山、万年雪梁子、哥妈山和墨尔多山五座山峰从河谷谷底拔地而起，迤逦连绵，直上九天的壮丽景观，它定会带给你无穷无尽的遐想。

在这里，集雄、奇、险、秀为一体，曾被中共中央原总书记胡耀邦誉为“天然盆景”的牦牛沟风景画廊，等待着你去选择最佳角度，拍摄你最满意的画卷。

在这里，有省级自然保护区，充满神秘色彩的藏区四大神山——墨尔多神山，会使你既得到一次心灵的净化，又会得到大自然天地之灵气的施予。有集雪山、草甸、海子、温泉、原始森林为一体，中国工农红军长征中曾留下光辉足迹的党岭自然风景区，是一个消夏避暑的最佳去处。有众多野生动物栖息的天然乐园莫斯卡省级自然保护区，人与动物的和谐相处，会带给你返朴归真的真情实感。有惟妙惟肖的天工凿就的“天然石英壁画”，自然天成的“领袖峰”，有充满迷幻色彩的“白人戏水”奇观，定会激起你的诗情和画意。

这里有迄今为止国内首次发现的珍藏历史达二百余年、数量达六百余幅的莫斯卡《格萨尔王传》岭国人物石刻谱系，被学者认为是一项填补格萨尔文化空白的珍贵遗产，是“格萨尔千年纪念活动”中一道最亮丽的风景线。这里拥有“袖珍城堡”之名的金龙寺（莫斯卡），定会令你大开眼界。这里还有数量不少的藏传佛教寺庙，特别是苯教寺庙会带给你不少新奇之感。

丹巴，一个集自然之美与人文之美的人间圣地，一个让你流连忘返的地方。

盐井
——最后的盐田

今天，在漫漫的滇藏公路上，盐井只是人们前往西藏途中的一个冷清的驿站。但在昔日食盐匮乏如金的年代，这里曾经是吐蕃通往南诏的要冲，是茶马古道上曾经商贾云集的重镇。

盐井，因特产井盐而出名，藏语称为“擦卡洛”，如今正式的名称是西藏自治区芒康县盐井纳西民族乡。盐井地处西藏、四川、云南三省交汇处，位于横断山区澜沧江东岸芒康县和德钦县之间，东北与四川省巴塘县相邻，南与云南省德钦县接壤，西与西藏左贡县扎玉、碧土、门孔等相连。

盐井地处澜沧江大峡谷，东有金沙江，西有怒江，地势十分险要。盐井平均海拔二千二百多米，属高原温带湿润性季风气候，全年光照充足，干湿两季分明。

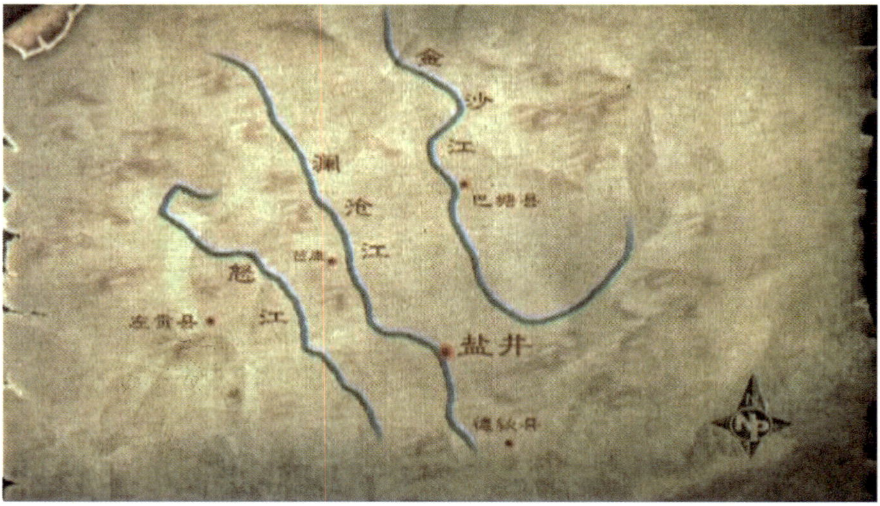

> 盐井地理位置示意图

据记载，盐井的开发经营已有上千年历史。生活在这里的纳西族人世代以盐为业，以盐业为生。盐井产盐的历史非常悠久，相传早在西藏吐蕃王朝之前，在朵康六岗当中，芒康岗就以产食盐名扬天下。《格萨尔王》史诗中著名的“羌岭大战”，说的就是“格萨尔王战胜羌巴，占领盐井”的故事。大诗人杜甫当年入蜀途经盐井，也曾留下“卤中草木白，青者官盐烟”的诗句。

时至今日，生活在盐井的藏族和纳西族，仍然沿用千年以前的古老方式

> 澜沧江大峡谷

> 金沙江大峡谷

> 怒江大峡谷

> 格萨尔王雕像

>《格萨尔王》史诗

> 盐井是茶马古道上曾经商贾云集的重镇

> 西藏滇藏公路

> 吐蕃通往南诏的要冲——盐井

晒取盐巴。盐井的盐田沿着澜沧江岸线，依着山势构木为架，铺设平台，形成鳞次栉比的町畦状盐田，成为一道奇特的人造风景线。而提取盐卤的盐井，则打在江边含盐矿的河床上，背来的卤水倒入盐田，经过风吹晾晒，很快就能蒸发凝结成盐晶。

在盐井，以纳西人聚居的下盐井产出的白盐为上佳。而西岸地势平坦的加达，出产的则是次等的红盐。

在中国，称作盐井、盐源的

地方不少。但如今唯一仍在人工原始晒盐的地方，就只剩下澜沧江畔的盐井了。

在陡峭险峻的澜沧江边上眺望千年盐井，呈现眼前的是一幅瑰丽多姿的田园风光图：蓝天白云下，藏式民居依山而建，乡间炊烟袅袅，盐田中身着藏服的女子在弯着腰劳作，远处时有马匹穿行，洒落一串串清脆的铜铃声。

盐井的盐与藏北的盐很不相同，一为岩盐，一为湖盐，生产方式也不同。盐矿很奇异，只要在江边某些特定地点的岩石上凿出坑洞，自有咸水充盈，那景象就如民间传说中的聚宝盆。但并非江边皆有盐水自流，迄今人们只在澜沧江的两岸发现了这方圆千米的一小块地方。

盐井的气候比较适宜土法晒盐的生产，此地属于热河谷地带，高原温带半湿润性风型气候，光照充足，大部分时间阳光灿烂，气候干燥，气温也高，沿着澜沧江通道南来的大风强劲，能迅速地将盐水晾干。

收录在《盐井县志》中的一首清人刘赞廷为盐井所写的咏物诗写道：

> 村民在澜沧江畔晒盐的盐场

沧江水灏淼，中蕴泻盐泉，
未识通咸海，翻来喷大川。
浮云低霭护，修埂汲兰田，
天意怜民苦，随风共日煎。

这首诗写出了盐井一带的地貌特征，卤水从何而来、盐田的生产方式与最重要的自然因素，盐井的盐是阳光与风的杰作。

盐井很小，连车站都没有，只在人家的庭院里设了个售票点；盐井又很大，它赫然出现在《中国全图》上；盐井很偏僻，错过了仅有的一班车就要等明天。1983 年国务院批准从芒康县析置盐井县，1999 年又撤销盐井县，其区域复归芒康县管辖。

自梅里雪山脚下上车，塞得满满登登的中巴车在大山中绕来绕去，一路上黄沙滚滚。这里的山秃了，几株干硬硬的草顽强地匍匐在沙石上。奇怪的是，有人的地方就有了大片的绿色，掩映着白色的藏房。过了一块界碑，即到“西藏芒康县”，再前行 8 千米即到盐井自然保护区。

在云南和西藏的传说中，是羌人最早发现了这片产卤水的宝地，也许是牧羊犬将他们带到了这里，也许是动物常到这里饮水发现的。不难想象，在这片高原上，发现了自流的卤水无疑就是淘到了金子。于是，人们就在这里架棚晒盐，并越聚越多。村寨出现了，农田出现了，大批的盐被骡子驮出山，换回富足的生活物资。盐井开始遭到嫉妒，为了争夺这片金子般的宝地，藏族和纳西族之间不断发生战争，并被写进了英雄史诗《格萨尔传》。据历史考证，纳西族是明朝木天王时期从云南境内迁来的。这说明，盐井至少有千年的历史了。

在当地纳西民族乡，现在还有 61 户产盐专业户，他们没有土地，只以晒盐巴为生，自产自销，用卖盐换来的钱买粮食吃。另外，乡里的大多数人家，约 213 户都有盐田，同时还有土地，过着半盐半农的日子。盐井一年大约能够产盐 24 万千克。在过去交通不便、食盐紧缺的年月里，盐井盐的年产量有时超过 40 万千克。

盐井乡的路边立了一块牌子:“盐井古法制盐,世界绝无仅有”,也被著名作家马丽华称之为“阳光和风的作品”。说它“绝无仅有”,在于它不同于蜀中之盐须深挖井、高耗力,不同于海盐“办盐全赖海潮”,优于池盐质地,更胜于砂盐、崖盐和石盐。盐井的制盐工序实在简单:临江挖一深盐洞,将涌出的卤水背于盐棚,等待阳光和风将水分蒸发掉,即可收获结晶盐。当然,每一项细做起来都是有讲究的。

先是盐井选择位置上各有不同,有的一半在水中,有的靠近水边,有的在岸上几米高处。位置不同,卤水的浓度不一样;出水量的多少,受淹的危险性,背水的辛苦程度也就不同。一半在水中的最淡,出水量却最多,但也最辛苦。这种盐洞的洞口必须垒起很高很高的石墙,防止江水上涨淹没洞口,盐洞像倒扣着的瓮或缸,深度在 3~6 米。

盐田实为依崖搭建的土木结构的平台。为了就近晒盐,纳西族发明了这种崖、盐田和支撑木三位一体的结构,层层叠叠直上崖顶,中间以栈道相

> 澜沧江江水流经盐井

> 盐井地势险要,层峦叠嶂

＞盐井的晒盐场

＞正在晒盐的妇女

连。盐田的搭建必须牢固、耐用，而且要巧妙地利用空间，这可不是件容易的事。首先，用较直的松木沿坡垂直搭建木结构，然后在其顶端铺上木板，再用细碎石和粗泥沙夯实，极细的黏土把平台表面拍平滑，再以 20 平方米左右划分成若干块就可以了。从高处看，连在一起的盐田波光粼粼，宛若一面面镜子，很是美丽。特别是加达的盐田，自山坡向江边铺展开去，红的、白的、蓝的，又像镶满宝石的裙装。如果在下面行走，你会发现整个盐田就像迷宫，细小的路径就分布在密密麻麻的立柱间，外人很难分辨走向。而少数沿陡崖建造的高达三四丈，人在底部仰视有种高耸入云的感觉。盐棚由于盐分长期渗透，下面结了长长的白色钟乳，这更给盐井蒙上了一层沧桑。

盐田每年要翻修一次，即把盐田表面的土层去掉，松木框架卸下来投入清水。木架里的盐分就会被提炼出盐粒，木块可以重新使用。

在藏区，盐井的盐是很受欢迎的，用它打出来的酥油茶红亮亮，为盐中上品。喝着香甜的酥油茶，大人会告诉小孩：“你们知道吗？这茶里有盐，做盐是很辛苦的，她们的脚上会裂出指头深的口子。”这里的“她们”指的就是盐井的女人。

盐井的女人很坚韧，靠着柔弱的双肩造就了世上奇观。清晨，当天边微微泛红时，她们就要从家中出发，沿山坡上的羊肠小道步行到盐田，接着就是单调的背（挑）水、收盐。她们先下到盐井，顺势将卤水一舀，大半桶即可盛满，再用水瓢添加少许，连同水瓢一起放入桶内。半人高的桶怎么背上呢？她们会用双手把桶抱到梯子上，用肚子顶着转过身来背在肩上，再往上攀爬。出了井口，她们会发出“嘿嘿嘿”的声音，以减轻压力；路程三四百米，甚至两三千米；走过栈道，绕过迷宫般的盐架和狭长的小径，爬上盐田，她们会将身子一歪，桶中的水便倒了出来；然后，她们又会像小鹿一样迈着碎步急急地往井边赶。就这样，她们每天至少要背五六十趟，甚至上百趟。有时，她们也会先将卤水倒进较近的水池，再倒到盐田，一是可先蒸发掉些水分，二是每个人都想趁着满井的卤水多占有些。其实，一年中只有一半的时间可以晒盐。对于她们来说，尽量多背些才是最现实的问题。

> 桃花盛开时节是盐井晒盐巴的最佳时节

> 阳光充足，季风强劲的春天可以晒出桃花盐

> 如今盐井的村落

每年的3月份到6月份是澜沧江畔桃花盛开的时候，也是制盐的黄金时间。此时晒出的盐品质最好，价格也高，被称为“桃花盐”。因为到了夏季，澜沧江水猛涨，位于江边的盐井将被淹没而无法晒盐。

盐井的女人感恩知足，她们认为自己很幸福。在盐田上，不时可见一个个欢快的身影，她们日复一日、年复一年重复着这简单的劳动，从十三四岁的少女到四十多岁的妇女，她们都清楚自己这样劳动是为了家人，是在澜沧江的奔流中获得价值。她们是幸福的，古铜色的脸庞上洋溢着笑容，盐田上不时响起清丽高亢的歌声，午餐间隙她们也会在棚下打打闹闹。

很有意思的一个现象是，在盐田上很难看到一个男人。只有傍晚时分，当女人们将收获的盐背到路面上时，她们的男人及孩子才会赶着马、驴和骡子来驮盐。在这里男女的分工很明确，简单地说是女人负责制盐，男人负责销盐及庄稼。男人们会三五一队，将盐运到乡里、镇上，再销往附近的巴塘、理塘、德钦、察隅甚至昌都。卖了盐巴，再买回生活用品。就这样，男人和女人互相协作着完成了盐的生产、销售和交易。另外，男人还要到田间“伺候”

庄稼，这可是一项体力繁重、技术性很强的活儿。

在整个西藏，只有盐井乡才有一个天主教堂。19 世纪以来，西方国家的不少传教士竭力试图在西藏传播天主教，结果都以失败告终，盐井是唯一的例外。当地藏民既有信仰天主教的，也有信仰藏传佛教的，历史上，这两个宗教在这里曾经发生过血与火的冲突。如今，两教早就握手言和，和谐共存，佛陀和基督的智慧和慈悲的光环，在这个横断山的深山小镇里融为一体，教化人心，造福世人，成为西藏一个独特的文化亮点。

据史料记载，盐井天主教堂最早是在 19 世纪 60 年代由法国传教士吕司铎兴建的。当时法国传教士是装扮成商贩进入这片以藏传佛教和东巴教为人们精神信仰的领域，开始他们非常艰难的传教历程的。

在如今的盐井，现在不少家庭内，既有信仰天主教的成员，又有信仰藏传佛教的成员，家庭成员相互尊重各人的信仰。

近年来，因为西藏昌都地区芒康县境内产的盐既缺碘，又含硒和其他有害矿物质，听说要关闭盐井了。这使盐井人惶惶不安。也许不久的将来，盐井真的会关闭，而古老的制盐场景也会消失。这浓浓的“人文风景”会从我们的视野中淡化，但留在盐井的苍老故事却会永远地流传下去。

三江并流

——独一无二的世界地理奇观

20 世纪 80 年代初，一位联合国教科文组织的官员，在一张卫星遥感图上惊异地发现，在地球位于东经 98 度-100 度 31 分，北纬 25 度 30 分-29 度的区域内，并行着三条永不相交的奔腾大江，这就是后来震撼世界的三江并流区。

“三江并流”是指金沙江、澜沧江、怒江这三条发源于青藏高原的大江，在滇西北的横断山脉纵谷地区，自北向南穿越担当力卡山、高黎贡山、怒山和云岭等崇山峻岭，并行奔流数百千米而不交汇，形成世界罕见的奇特自然地理景观，其间澜沧江与怒江之间的最短直线距离竟不足 19 千米。

“三江并流”自然景观涵盖范围达 170 万公顷，包括位于云南省丽江市、迪庆藏族自治州、怒江傈僳族自治州的 9 个自然保护区和 10 个风景名胜区。它地处东亚、南亚和青藏高原三大地理区域的交汇处，是世界上罕见的高山地貌及其演化的代表地区，也是世界上生物物种最丰富的地区之一。

“三江并流”地区是世界上蕴藏最丰富的地质地貌博物馆。4 000 万年前，印度次大陆板块与欧亚大陆板块大碰撞，引发了横断山脉的急剧挤压、隆升、切割，高山与大江交替展布，形成世界上独有的三江并行奔流 170 千米的自然奇观。“三江并流”景区内高山雪峰横亘，海拔变化呈垂直分布，从 760 米的怒江干热河谷到 6 740 米的卡瓦格博峰，汇集了高山峡谷、雪峰冰川、高原湿地、森林草甸、淡水湖泊、稀有动物、珍贵植物等奇观异景。

景区有 118 座海拔 5 000 米以上、造型迥异的雪山。与雪山相伴的是静立的原始森林和星罗棋布的数百个冰蚀湖泊。海拔达 6 740 米的梅里雪山主峰卡瓦格博峰上覆盖着万年冰川，晶莹剔透的冰川从峰顶一直延伸至海拔 2 700 米的明永村森林地带，这是目前世界上最为壮观且稀有的低纬度低海拔季风海洋性现代冰川。千百年来，藏族人民把梅里雪山视为神山，恪守着登山者不得擅入的禁忌。丽江老君山分布着中国面积最大、发育最完整的丹霞地貌奇观，它镶嵌在莽莽原始森林的万绿丛中，璀璨夺目。有不少红色岩石表面风化形成龟裂状构造，其中一座山坡形如千万只小龟又组成一只大龟，排列自然而有序，仿佛正向着太阳升起的东方行进。

“三江并流”地区被誉为“世界生物基因库”。由于“三江并流”地区未受第四纪冰期大陆冰川的覆盖，加之区域内山脉为南北走向，因此这里成为欧亚大陆生物物种南来北往的主要通道和避难所，是欧亚大陆生物群落最富集的地区。

这一地区占我国国土面积不到 0.4％，却拥有全国 20％以上的高等植物和全国 25％的动物种数。目前，这一区域内栖息着珍稀濒危动物滇金丝猴、羚羊、雪豹、孟加拉虎、黑颈鹤等 77 种国家级保护动物和秃杉、桫椤、红

> 澜沧江大峡谷

豆杉等 34 种国家级保护植物。

每年春暖花开时，这里绿毯般的草甸上、幽静的林中、湛蓝的湖边，到处是花的海洋，可以观赏到二十多种杜鹃、近百种龙胆、报春及绿绒马先蒿、杓兰、百合等野生花卉。因此，植物学界将“三江并流”地区称为“天然高山花园”。同时，该地区还是 16 个民族的聚居地，是世界上罕见的多民族、多语言、多种宗教信仰和风俗习惯并存的地区。长期以来，“三江并流”区域一直是科学家、探险家和旅游者的向往之地，他们对此区域显著的科学价值、美学意义和少数民族独特文化给予了高度评价。

三江并流区域中激动人心的生态过程是地质、气候和地形共同影响的结果。首先，该区域的位置处于地壳运动的活跃区之内，结果形成了各种各样的岩石基层，从火成岩到各种沉积岩（包括石灰石、砂岩和砾岩）等不一而同。

> 怒江大峡谷

> 长江第一湾

> 金沙江大峡谷

> 三江源——青藏高原

金沙江、澜沧江和怒江深而平行的峡谷体现了该区域突出的自然特点，而三条江的大截面正好处于该区域的边界之外，川峡是该区域的主要风景。区域中随处可见高山，其中梅里雪山、白马雪山和哈巴雪山构成了壮观的空中风景轮廓。闽咏卡冰川是一个引人注目的自然景观：海拔高度从卡瓦吉布山（6 740 米）下降到 2 700 米，号称是北半球中在这种低纬度（28° 北）下海拔最低的冰川。

其他出色的风景地貌有：冰川岩溶（特别是怒江峡谷上方月亮山风景区内的月亮石）和阿尔卑斯式丹霞风化层“龟甲”。三江并流地区名列中国生物多样性保护十七个“关键地区”的第一位。三江并流地区是世界级物种基因库，是中国三大生态物种中心之一。

三江并流地区集中了北半球南亚热带、中亚热带、北亚热带、暖温带、温带、寒温带、温带、寒带的多种气候和生物群落，是地球最直观的体温表。

1988 年，三江并流地区被国务院批准，定为国家第二批重点风景名胜区。

“三江并流”这地球上唯一的自然胜境，在历尽千山万水后，在云南石鼓镇出现了第一湾，这湾之大，据说有 270 度。这里四季皆可入画，各有异彩。夏天万木葱郁，两岸一派生机。河水由于多雨，浪翻浑黄，气势非凡。可到了冬天，虽说是两岸万木凋零，但由于水少，江面碧蓝宁静。石鼓镇上还有一座索吊桥叫铁虹桥，桥头各有一座很有建筑特色的门楼，年代久远，古色古香。在夏天，两岸垂柳依依，村童都爱在桥上跳水嬉戏，很有乡土气息。

在历史上，石鼓镇是兵家重地。三国时期的诸葛亮“五月渡泸”，南宋时期

> 怒江大峡谷

> 三江并流地区山地高陡险峻

的忽必烈“革囊渡江”都在这儿上演。当年贺龙领导红军第二方面军北上抗日,长征至此,竟然也选中此地,横渡金沙江。至今,在镇边的小山上屹立着一座红军渡江纪念碑。碑前有一尊雕塑,表现的是一位气宇轩昂的红军与一

> 三江并流区风光旖旎壮观

位情深意切的老艄公道别的情景。

镇上还有一座小亭，亭内竖放着一面石鼓。鼓面上刻有铭文，记载了当年丽江土知府向北进军吐蕃，得胜凯旋的功绩。更神奇的是，在几近人高的鼓面上，有一道看得见的裂缝。据说这缝会自动开合，预示着国运的盛衰。郭沫若先生曾在 1963 年来到这里，也为此惊叹不已，留下了墨宝，村民以此作为亭廊上的对联：民心得失演古今兴亡史，石鼓合开占天下治乱情。

石鼓镇也曾是内地与藏区茶马古道上的一座重镇，集市贸易由来已久。今天依然人气兴旺，紧挨公路边上，以路为市，三日一墟。当地妇女喜爱头顶蓝色的同志帽，两肩交叉打着白色的背带，一身标准的纳西族人打扮。

兰坪是怒江、澜沧江、金

> 三江并流地图

> 山地险峻奇美

> 三江并流区

> 三江并流区原始森林

> 三江并流区山地常年有冰川分布

沙江“三江并流”的重要门户，被誉为“三江之门”。作为“三江并流”的大门，兰坪地处“三江并流”山脉走向的天然垭口，从这个垭口进入三江腹地，可以全天候直通“三江之魂”梅里雪山；作为大门，兰坪是唯一连通三条大江的交通枢纽，成为“三江并流”四通八达的交通驿站；作为大门，兰坪也是

> 三江并流区景色洁净美丽

> 三江并流区冰蚀湖

“三江并流”地质独特性、生物多样性和民族文化多元性的起始地带，拥有“三江并流”的景色和品质。如果说兰坪是“三江之门”，那么澜沧江边的小镇营盘，就是这道大门上的锁。

营盘特殊的地理位置，使其自古以来就是“三江并流”区域，尤其是澜沧江和怒江的交通枢纽。向东，经兰坪、剑川达内地；向西，历来就是进入怒江峡谷的官道；向北，经维西、德钦连通西藏，是唯一不受冬季封山影响的道路；向南，直通保山、六库等地。所以，不论茶马古道、盐马古道，还是银马古道，都从这里经过，使营盘成为一个独特的地方。摘录一段1932年一位旅行者的记录，他说：“营盘街，是杨武愍公——玉科的故里。为大理、丽江、鹤庆、剑川、维西、兰坪、喇井、泸水、知子罗、上帕等地的贸易中心，是澜沧江边一大市场。……街场周围，瓦房最多，有十字街一条，铺面很多……所有一切洋广杂货，应有尽有。”（缪悔一《沧怒两江见闻录》）从这份记载到镇里老人的回忆，营盘镇过去被称为“小昆明”，是滇西北一带的物资集散中心，从大理的茶叶，邓川的乳饼，丽江的皮革，西藏、怒江的药材，兰坪、云龙的盐，到各种山货、牲畜、农产品，以及印度、缅甸的宝石、洋货甚至大烟等等，都在这里交易。

随着交通的改变，这里已不复当年“小昆明”的盛况，但仍然是澜沧江峡谷中乃至“三江并流”区的一个大集镇。周围的村子几乎家家都养着驮畜，虽然公路大多已修通，不过买得起车子的人家很少，大多数的人还是使用这些原始的运输工具。其实，营盘在某种意义上是马帮驮出来的，在1976年公路通车以前，各种商品都是沿着一条条古道人背马驮而来。可以想象，当上万人、上万匹骡马突然出现在这个峡江小镇上的时候，是一番什么样的景象。

最著名的古道是东西向的“杨大人的路”，这条路东往内地，西去怒江，是清末

> 傈僳族民居

> 金沙江大峡谷

名臣杨玉科所筑，历来就是进入怒江的必经之道。因为有了这条路，清末夏瑚由此进入怒江巡边，保住了大好河山；民国元年（1912）李根源在营盘设立怒俅殖边总局，管理怒江、独龙江的行政和军务；这条路的终点——知

> 这里是多民族的聚居地

> 澜沧江大峡谷

子罗，成为怒江的首府，直到 20 世纪 80 年代才迁往六库。

21 世纪，宁静的澜沧江峡谷忽然热闹了起来，劈山开路的炮声此起彼伏，黄登岩电站建设，铜矿开发，还有那些驶进“三江并流”的旅游车，仿佛一把把钥匙，将要打开这把“三江之门”的锁。

虎跳峡
——最险峻的峡谷

湍急的金沙江流经石鼓镇长江第一湾之后，忽然掉头北上，从哈巴雪山和玉龙雪山的夹缝中硬生生挤了过去，形成了世界上最壮观的大峡谷，这就是名扬海内外的虎跳峡。

虎跳峡，位于云南省迪庆藏族自治州香格里拉县与丽江市玉龙纳西族自治县交界处的金沙江上，北距香格里拉县城 105 千米，南距玉龙县城 60 千米。

虎跳峡地处金沙江上游，以奇险雄壮著称于世。峡谷两岸，高山耸峙，东有玉龙雪山，终年披云戴雪，银峰插天，主峰海拔 5 596 米，山腰怪石林立，古藤盘结，山脚则是几乎 90 度的峭壁，直插江底。山腰间有台地，形成入峡的道路；山脚为陡峭的悬崖。虎跳峡上峡口江面海拔 1 800 米，下峡口海拔 1 630 米，落差达 170 米。两岸山峰，高出江面达 3 000 米以上。虎跳峡不仅峡谷深切，而且十分狭窄。峡谷中，许多地方双峰欲合，江面最窄处仅 30~60 米。身入谷中，看天一条缝，看江一条龙，头顶绝壁，脚临激流，令人心惊胆战。

虎跳峡旧时曾因山崩截断江流，加上岩石壁立，山石风化，巨石常崩塌滚入江中，形成了江中七道礁石林立的陡坎，有险滩 21 处，瀑布 10 条。全长 16 千米峡的谷内，江流湍急，雪浪翻飞，旋涡漫卷，飞瀑轰鸣，构成世上最为险峻的峡谷地貌。

传说那时候丽江统治者——木老爷富极一时，身边有不少能人才子，其中有一个特能算命。一天，此人替木老爷算算，据说木老爷生时大富大贵，但是死后却无棺材可用。木老爷大惊，从此在他所要经过的任何地方，每隔十里地就放置一口棺材以和命运作抗争。一天，天气极好，木老爷心情极佳，于是骑着自己的坐骑——一头老虎，沿金沙江边走去。江水汹涌澎湃，江岸风景如画。人虎到了一个较狭窄地段，老虎纵身一跃，往江中间的一块大石头上跳去。老虎着落了，人却再也没有和虎同时着落，而是早已掉入了滚滚江水中。时间早已流逝，木老爷和他的老虎早已不知何处去，但是却为后人留下了虎跳峡、虎跳石这些充满想象的名字。

另有一个美丽的传说：金沙江、怒江、澜沧江和玉龙雪山、哈巴雪山，原是五兄妹。三姐妹长大了，相约外出择婿，父母又急又气，要玉龙、哈巴去追赶。玉龙带着 13 把剑，哈巴挎着 12 张弓，抄小路来到丽江，面对面坐着轮流守候，并约定谁放过三姐妹，就要被砍头。轮到哈巴看守时，玉龙刚睡着，金沙姑娘就来了。去路被两个哥哥挡住了，怎么办呢？聪明的金沙姑娘想起了哈巴有爱打瞌睡的毛病，便边走边唱，一连唱了 18 首歌。婉转动人的歌声果然使哈巴听得入了迷，渐渐睡着了。金沙姑娘瞅准这一机会，终于从两个哥哥的脚边猛冲过去，大声欢笑着飞奔而去。玉龙醒来见此情景，又气

> 虎跳峡

> 虎跳峡峡谷

又悲，气的是金沙姑娘已经走远，悲的是哈巴兄弟要被砍头。他不能违反约法，抽出长剑砍下了哈巴的头，随即转过背去痛哭，两股泪水化成了白水和黑水，哈巴的12张弓变成了虎跳峡西岸的24道弯，哈巴的头落在江中变成了虎跳石。

虎跳峡谷天下险，虽给航运带来不便，却蕴藏着一种惊心动魄的壮美，吸引了无数勇敢者到此寻胜探险。20世纪30年代，美国著名人类学家洛克曾三次游历虎跳峡，并租用飞机从空中拍摄照片，获得大量资料，使虎跳峡闻名于世。1986年9月，中国洛阳长江漂流队、中国科学长江考察漂流队首漂虎跳峡成功，但洛阳队孙志岭在“满天星”滩遇难，四川《青年世界》杂志记者万明也在此次采访中以身殉职，将悲壮的魂魄赋予了虎跳峡。

过江上山，沿盘山小路攀援而上，在陡峭的山坡上有一小村，名为“核桃园”，居民多以石板盖屋。到虎跳峡的行人，常在这别具风情的山村借宿。当夜深人静，在熊熊燃烧的火塘边躺下休息时，奔腾的江水、劲烈的江风和

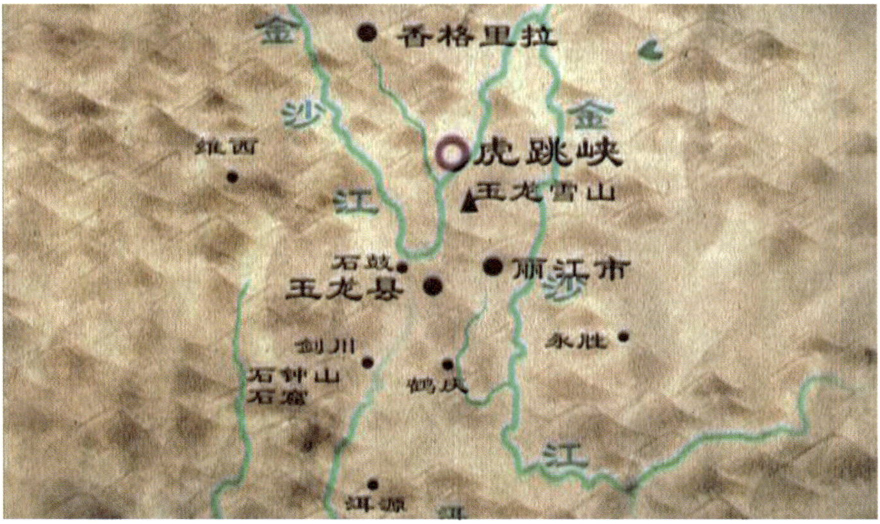

> 虎跳峡地理位置

> 金沙江

松涛声混成一片，隐隐地使人感到狂涛冲击山峡而发出的微微颤动，好像睡在一条在波涛中航行的船上，有一种异常的新鲜感觉。

出核桃园村不远，崎岖的山路上突然出现一个巨大的深沟：耸入云端的哈巴雪峰，似被巨人当头劈了一斧，留下了一道刀切般的深谷。行人得从深谷的一面攀藤附葛，小心翼翼下到崖底，再从崖底手脚并用，爬上山头，弄得汗流浃背，才能越过直线仅数十丈的距离。再往前行，江对面的绝壁上，隐约可以看出一个由风雨剥蚀所形成的纳西族妇女侧影，似乎在山间策马驰骋，当地群众称这个侧影为"阿昌本地米"。传说她骑着白马，正在山间巡视，遇有凶恶的野兽出来伤害人畜，便会高声呼唤。神奇的想象，瑰丽的景色，给山川风物增添了迷人的色彩。

继续前行，到"中虎跳"。这里陡崖排空，或直刺青天，或斜扑江口，宽阔浩荡的江水，遇到危崖的挤压与阻拦，似乎变得怒不可遏，它聚集力量，向崖石不断发起冲击，狂涛汹涌，飞瀑腾空，空谷轰鸣，声震山谷。江底惊涛裂

> 玉龙雪山主峰扇子陡

> 哈巴雪山

岸，崖头山泉喷泻。当你在哈巴雪山山腰，沿着壁间蹬道小心攀行时，常常会遇到飞泉流瀑，从你头顶上掠过，犹如进入水帘洞中。

沿山路前行，尺把宽的小径忽升忽降，脚下是深不可测的悬崖，谷底是惊涛骇浪的轰鸣，头上是呼啸而过的劲烈江风，逼着人靠近岩根，小心前进。走过有斜坎的陡壁，一道银流，闪入眼底，这便是“上虎跳”。只见两山夹峙，形若两扇铁门，当中立着青黑色的虎跳石，似凶神恶煞的把门将军。金沙江

> 玉龙雪山

＞哈巴雪山主峰常年隐于云雾之中

从它的两侧越过断崖，凌空飞下，以雷霆万钧之力冲向崖底，又弹跳而上，形成万朵雪白晶莹的浪花，旋即化作银雨乳雾，润湿了周围的岩石草木。断崖之下，千波万涛，沸沸扬扬，回旋翻滚，如千条蛟龙搅湖闹海，似万匹银马奔腾驰骋，然后乘风而去。面对这壮丽的图景，这磅礴的气势，令人浩气溢怀。清代雍乾之际的云南诗人孙髯翁，在《金沙江》一诗中写道：劈开善城斧无痕，流出犁牛向丽奔。一线中分天作堑，两山夹斗石为门。虎跳峡的壮美风光吸引了大批国内外“背包客”来这里徒步旅行。

往虎跳峡的路线有两条，一条是从丽江县城坐车往北 9 千米到大坝，转向下峡口，登上“望峡台”，全峡历历在目。迤逦下到江边石滩上，两岸高崖把高天挤成一缝，大江被挤压得仅有三十多米宽，江中雄踞 5 米见方的虎跳石，水急似箭，这就是下虎跳。东侧大岩洞口有古崖画，多为动物形象，路到此为止。

＞峡谷两岸深切，双峰壁立

> 虎跳峡溪水

> 虎跳峡多瀑布落水

另一条是从丽江城西行至滇藏公路，过金沙江大桥，经香格里拉县虎跳峡镇，转进峡中。从上峡口看玉龙山巅，酷似天国城垛。江面平缓，像柔静少女，但一入峡口便激浪滔天，变成暴戾的怒汉了。先到上虎跳，一道铁瀑

> 河道上的落石

> 虎跳峡核桃园村村民刘秀兰

高坎最为惹目。坎两侧，绝壁擎天，构成两扇巨型石门，当中屹立着三角状的虎跳石，金沙江巨流从此夺路而出，跃过高坎，以雷霆万钧之势摔砸下来，高坎下，千波万涛沸沸扬扬，回旋翻滚。看那场面，令人心惊胆战。往前，便见到“满天星”滩，滩长半里，暗礁棋布，掀起满江银浪，涛声震天，看似银河繁星，故而得名。全峡有这样的险滩 18 个，平均不到一里便有一滩。到大峡中段阿昌谷，便是核桃园村，数十户人家的房屋都用青石板砌盖，像一幅

> 冲江河

> 中虎跳

> 核桃园村

幅地图挂在墙上。离村往江边走，就到特险特奇的中虎跳了。只见獠礁林立，危崖四耸，遮天摩云，嵯峨的虎跳石如鬼怪嬉浪。激流撞礁，晶花腾空，惊涛轰鸣，如雷贯耳。盖江崖头乱泉涌流，拦腰有一条半里磴道，人行当中，泉水从头顶喷泻而过，织成一挂挂奇丽的珠帘，别有洞天。

> 满天星礁石区

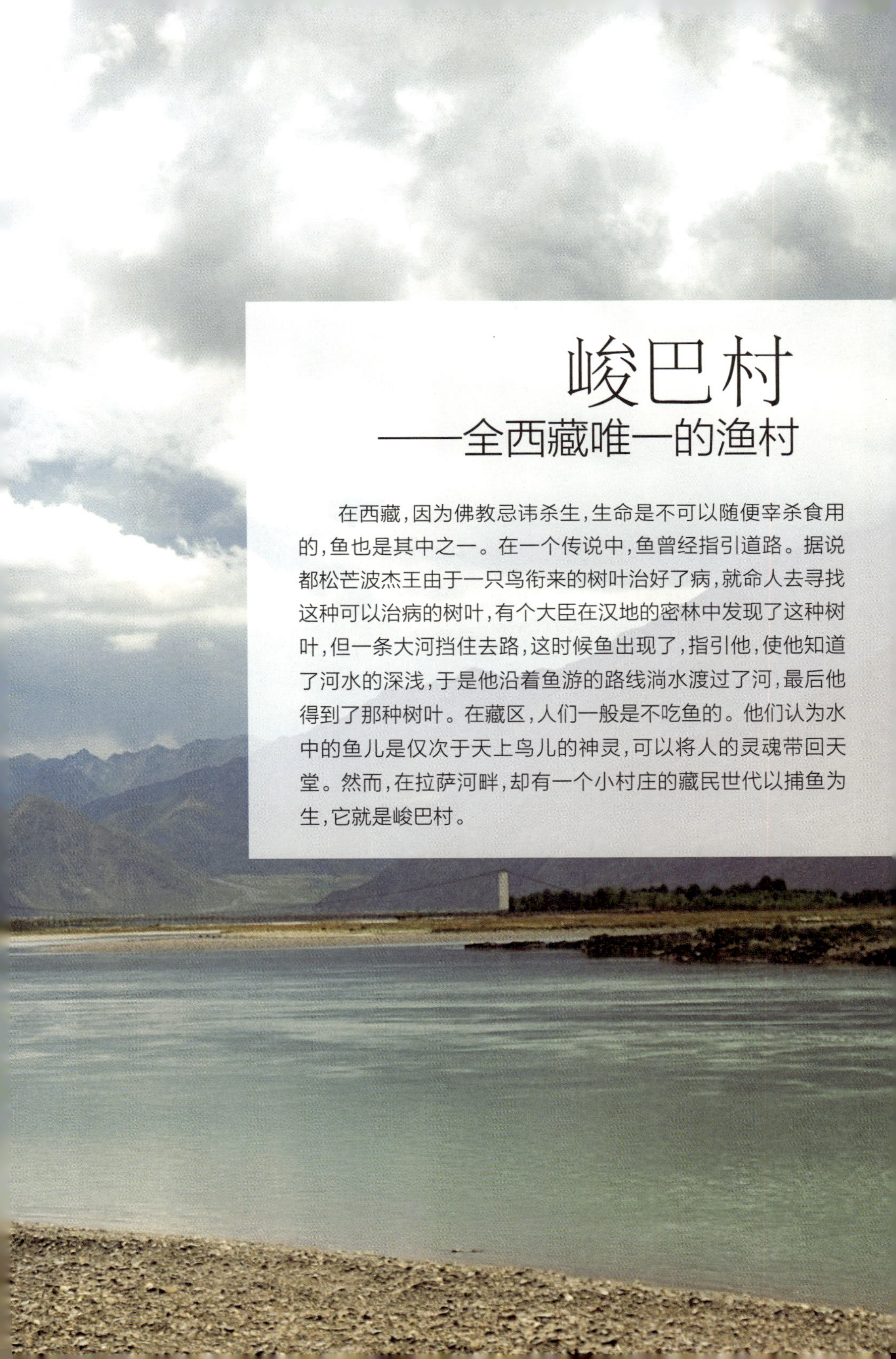

峻巴村

——全西藏唯一的渔村

在西藏，因为佛教忌讳杀生，生命是不可以随便宰杀食用的，鱼也是其中之一。在一个传说中，鱼曾经指引道路。据说都松芒波杰王由于一只鸟衔来的树叶治好了病，就命人去寻找这种可以治病的树叶，有个大臣在汉地的密林中发现了这种树叶，但一条大河挡住去路，这时候鱼出现了，指引他，使他知道了河水的深浅，于是他沿着鱼游的路线淌水渡过了河，最后他得到了那种树叶。在藏区，人们一般是不吃鱼的。他们认为水中的鱼儿是仅次于天上鸟儿的神灵，可以将人的灵魂带回天堂。然而，在拉萨河畔，却有一个小村庄的藏民世代以捕鱼为生，它就是峻巴村。

峻巴村地属西藏自治区拉萨市曲水县茶巴朗乡。“曲水”藏语意为“流水沟”。曲水县位于拉萨河下游、雅鲁藏布江中游的高原河谷地带，谷地海拔最低点为 3 500 米，海拔最高山峰为 5 894 米，县域内地势较为平坦；属高原温带半干旱季风气候区，昼夜温差大，日照时间长，是拉萨地区商品粮生产基地。

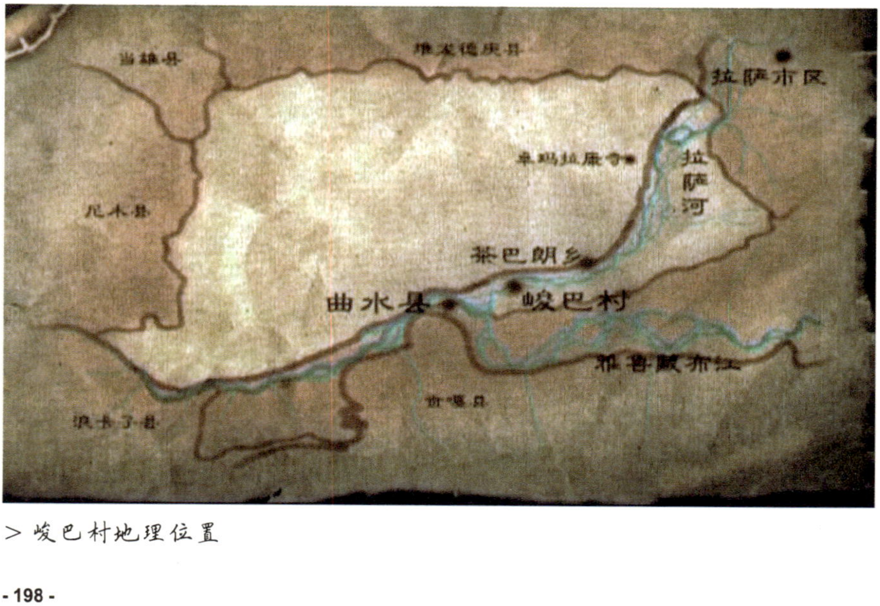

> 峻巴村地理位置

> 峻巴村

拉萨河发源于念青唐古拉山脉南麓海拔 5 020 米的米拉雪山，流经那曲、当雄、墨竹工卡县、达孜县、拉萨城关，直至曲水，是雅鲁藏布江中游的重要支流，全长 495 千米。它就像融化了的碧玉，分叉成树的形状，蜿蜒于白色的沙滩之间，清澈发蓝，似乎有一个蓝宝石铺成的河底。野鸭或者沙鸥贴着水面飞行，有时候一条鱼突破水面，一晃鳞甲，在空中旋转一秒，又落下。峻巴村就恰好处在拉萨河与雅鲁藏布江的交汇点上。从前，峻巴村的藏民既不种青稞，也不放牧，而是将拉萨河当做田野和牧场，世世代代以捕鱼为生，成为全西藏唯一的渔村。

相传古时候，拉萨河中的鱼儿多到溢出了河道，于是鱼儿便长出翅膀飞到了天上，天上会飞的鱼也多到遮天蔽日。于是，天神就下凡到峻巴村，要求当地藏民捕鱼吃鱼，并可赦免他们由此而带来的罪过。从此，大地上的生物又恢复了勃勃生机，而峻巴村的藏民捕鱼的习俗也就流传至今了。

如今峻巴村人生活的主要来源是打鱼和种植青稞、土豆。另外，就是制作牛皮制品，如牛皮船、各种皮带子、缰绳等，随着旅游业的发展也做一些羊皮的手工艺品。

拉萨河里原来有 7 种鱼，每个季节打到的鱼并不一样，夏天最多的是一种无鳞的裸鱼和珍珠鱼。最值钱的是鲶鱼，这种鱼能发出酷似婴儿的叫声，所以当地人叫它娃娃鱼，峻巴村的妇女生孩子，都用娃娃鱼熬汤来喝。还有胡子鱼、尖嘴鱼、花鱼、鲢鱼、白鱼等，现在拉萨河的鱼类已经多达 15 种，因为有的外地运来的鱼被人们放生，在拉萨河里繁殖起来了。

峻巴村人在吃鱼方面，有生、煮、煎、炸、腌、晒等七八种吃法。生鱼酱，是把活鱼去除内脏然后剁碎，加水与香菜、辣椒、盐巴搅拌起来，这是他们最喜爱的食品，用这种鱼酱和着糌粑一起吃，味道最好。

峻巴人捕鱼用的牛皮筏子古老而又独具特色，其制作工艺可追溯到吐蕃时期。制作牛皮船的材料只用木料、牛皮和牛毛编织的绳子。先用韧性

> 曲水县地势平坦开阔

> 峻巴村地理环境

较佳的木料加工成牛皮船的骨架，一艘完整的筏子需要四张经过浸泡软化的牛皮缝合而成，并将湿牛皮包裹木头骨架，用牛毛绳捆紧，牛皮与牛皮缝合处需用牛羊油脂擦抹，起到密封防漏水的作用。晒干后的牛皮船配上一对木桨之后，就能下水捕鱼了。

峻巴村人在长期的劳动过程中创造了独特的渔文化。2008 年，峻巴渔村的“郭孜舞”（即牛皮船舞）被列入国家级非物质文化遗产。小小的牛皮船，是峻巴村人的打鱼工具，也是他们劳动之余跳舞的道具。如今，牛皮船和牛皮船舞又成为峻巴村旅游开发的热点。

扎桑老人今年 73 岁，他是村子里唯一的一位“阿热”。“阿热”是牛皮船舞中的领舞者。跳牛皮船舞时，“阿热”手执“塔塔”（五彩旗杆），唱着歌，跳着舞，另外几位（一般是 4~6 人）舞者看着“阿热”的动作，背着重约三四十千克的牛皮船，用同样的动作跟着“阿热”跳舞。大家动作整齐，船桨击打船舷的“咚咚”声不绝于耳，既轻盈又凝重。

每天，村民去雅江打鱼，看着他们背着几十千克重的牛皮船去江边，又从江边背到公路上，你就会明白，牛皮船舞是峻巴人在单调繁重的劳动之余的一种自娱自乐。常常是在打鱼之后，几个人聚在一起，背着牛皮船，边唱边跳，生活的艰辛在歌舞中变得轻松愉快。

过去，峻巴渔民每年都要向旧地方政府服长途水上货运的差役，主要是运送茶、食盐、牛羊毛、杂货等。从拉萨东部的墨竹工卡县到拉萨或是山南，共有二三百千米的水路上都可以看到牛皮船。牛皮船只能从上游漂到下游，不能逆流而上。到达目的地后，船夫们将牛皮船晒干，扛在肩上再背回出发地。

长年累月在江上漂流，唱牛皮船歌，跳牛皮船舞，逐渐成为船夫们一种独特的娱乐方式。船歌有两种：一种悠长而舒缓，如江水远逝，如白云悠悠，

> 拉萨河

> 曲水县的农田

> 峻巴村位于雅鲁藏布江与拉萨河的交汇点上

带着浓郁的抒情色彩，这种歌是船在壮阔的江面上飘忽行进时唱的；另一种是号子，那是船夫们与风浪搏击时发自肺腑的呐喊，短促而热烈。有的仅仅是无字歌，高低起落，与波涛合拍，甚至融为一体。

牛皮船舞起源于“仲孜”（牦牛舞），跳牛皮船舞时的很多动作，具有“高原之舟”——牦牛的特性。整个舞蹈铿锵有力，粗犷朴实。牛皮船舞由边唱边跳的“阿热”和身背牛皮船并击船以发出声响为节奏跳舞的船夫合作表演。

> 世代以捕鱼为生的峻巴村民

在峻巴村外的一片草地上，扎桑老人和 3 个年轻人一起表演牛皮船舞，村子里的人都围拢来凑热闹，他们因为太熟悉，所以每一点意外都让村里人大笑。跳舞的年轻人也是以娱乐为主，表演得不是很认真，经常出现动作不统一的场面；只有领舞的扎桑老人认真地唱着跳着。扎桑老人只唱了两三首歌，3 个年轻人就已经气喘吁吁，不得不停下来休息。

其实完整的牛皮船舞共分为 4 段。第一段叫“述道白”。由一位叫“阿热”的领舞者说开场白：“神牛光顾峻巴村，东山上面吃青草，西山脚下喝清泉，在草场上面打滚嬉戏，在牛圈里面练习角斗。”

第二段叫“仲孜”（即牦牛舞）。船夫们首先在“杂昂！杂昂！杂昂！”的击船声中跳起牛皮船舞，同时，“阿热”边跳边唱《祝福歌》。

第三段叫“挑哈达”。“阿热”唱《祝福歌》并从藏袍里取出哈达，边跳边放在沙地上，牛皮船舞者们边跳边向前弯腰，用背着的牛皮船的左右上角从地上挑起哈达。

第四段是唱《祝福歌》。歌词大意是："今天我们在此相会，但愿能经常相会。经常相见的人们，祝你们身体健康。"唱完后"阿热"领头向观众行礼下场。

扎桑和3个年轻人表演的牛皮船舞还没有结束，天空刮起大风，满天沙尘，村民们一哄而散。扎桑老人在漫漫风沙中艰难前行，他孤独的身影成为一种象征，正如从历史的尘烟中走来的牛皮船，正艰难地走向未来。

牛皮船的起源最早可以追溯到吐蕃时期，在布达拉宫和桑耶寺的壁画中都可以找到牛皮船早期的身影。吐蕃时期的牛皮船是圆形圆底的，估计只相当于现在牛皮船的一半大小，船内最多也就能容纳三四人。

在村子南面的山脚下，有一个叫白玛拉错的神湖，意为"莲花圣洁之

> 峻巴村民在制作牛皮筏子

> 峻巴村民驾驶牛皮筏子在拉萨河上捕鱼

湖”，它的外形犹如一个左向旋转的海螺。据当地人的传说，此湖是诺桑王子（即八大藏戏之一《诺桑王子》中的主人公）的神湖。

传说有一天居住在此地的诺桑王子经过神湖旁，静谧的湖水中慢慢浮现出一位美丽女子的容颜。王子惊讶之余，忍不住伸手去碰，突然，清晰的面容被湖水淹没。王子努力朝刚才的方向定神注视，然而再也无法看到那美丽的容颜。

王子开始为这湖中的幻影动情，幻想着美丽的爱情。就在此时，王子看到湖边的鱼人巴莱增巴，便上前询问，巴莱增巴通过王子的描述，告诉王子此女子是天上的仙女雍卓拉姆，协荣（现为才纳乡的一个自然村）山的山脚下有一眼泉水，是仙女沐浴之处，你若在此等候定能遇见。

第二天，王子便骑马来到山泉附近，可是雍卓拉姆没有出现。王子没有放弃，终于，有一天，王子来到泉水旁边，看见有一群姑娘在山泉旁润洗秀发，可是雍卓拉姆此时已经化为凡人隐藏在这群姑娘之中。真挚的王子唱起心中的情歌："天上的仙女雍卓拉姆，人间的诺桑无时不在思念，你若懂我情知我意，为何还不现你美丽容颜。"姑娘们回唱："凡间的王子，你若能在众人中将雍卓拉姆挑选出，那将证明雍卓拉姆和你的姻缘是天意，雍卓拉姆将跟随王子如你所愿。"

后来，王子历经千辛万苦，在鱼人巴莱增巴的指点下得到如意宝绳，他再次来到泉水边，将如意宝绳抛向姑娘们，如意宝绳直冲向其中一位相貌平凡的姑娘并将其套住，姑娘无法动弹。此时，如意宝绳发出神奇的光芒，姑娘瞬间幻化为美丽的仙女雍卓拉姆。王子的真挚情感换回了仙女雍卓拉姆美丽的爱情。而鱼人巴莱增巴后来化身为凡人，一直生活在湖畔的村庄里，教村民如何捕鱼。

站在峻巴村西边的山头上，可以俯瞰村庄全景。往东看，蜿蜒的拉萨河从远方逶迤而来；往西看，河水泛着波光流向空茫的远方……过去，峻巴村人大部分以打鱼为生。如今，随着社会的发展以及拉萨河里鱼量的减少，村民的生产方式也发生了很大变化。除了有部分村民仍然以打鱼为生外，其余村民有耕地的种地，有的外出打工，有的做手工艺品。峻巴村已经从以打鱼为主的生产方式转变为多种生产方式共存。

德格印经院
——独一无二的藏文化宝库

当太阳升上天际，开始照亮尼干普龙山岗时，德格崭新的一天，便从喇嘛、藏民们一圈又一圈的转经开始了……这座耸立在山岗上、有着绛红色围墙的宫殿就是德格印经院。

沿着川藏北线一路西行，翻越海拔 5 050 米的雀儿山垭口，便来到了金沙江畔圣洁的小城德格。从高处俯瞰，整座小城围绕金碧辉煌的德格印经院而建，德格也因此名扬天下。

德格印经院又名德格吉祥聚慧院，藏语简称德格巴宫。清朝雍正七年（1729），第十二世德格土司却吉·登巴泽仁着手创建印经院，那时正是这个家族的统治达到鼎盛之际，其领地扩张至今四川、青海、西藏交界的藏区，面积约四万五千多平方千米。对后世来说，德格土司的荣耀不在其武功，而在

> 四川甘孜州德格县

> 德格印经院院门

其文治。较之于西藏，这里固然算藏区的边缘，可不同部落和教派的交织并存，反而提供了文化昌盛的另一种条件。

藏地有三座古老的印经院：德格印经院、拉萨印经院和日喀则印经院。日喀则印经院在“文革”期间被毁，在剩下的两座印经院中，德格印经院的规模更大，收藏也更丰富。

德格印经院总建筑面积近万平方米，红墙高耸，幽静壮观。靠大门一侧为一楼一底，正房则为二楼、三楼，层次

> 德格印经院建筑

> 德格印经院建筑特征

> 德格印经院内置摆设

> 德格印经院内景

> 工匠在刻制木质刻板

错落有致，系典型的传统藏式建筑风格。

印经院墙基上摆着一排排石刻的经咒和佛像，它们不仅代表着藏族信仰的渊源，也代表着西藏刻印艺术的水平。西藏镌刻艺术的起源，可以追溯到公元7世纪。传说，吐蕃王朝第三十二代赞普松赞干布为选择建新都的地点，来到拉萨河谷。当他下河沐浴时，见水中放出灿烂之光。光芒投射到一块岩石上，如彩虹降临，在对面岩石上显出观世音、空行母、马头明王诸佛身像和六字大明箴言。松赞干布得此吉兆，遂请尼泊尔工匠将自然天成的佛像在石头上镌刻出来，然后在拉萨河谷建立新城。从此，石刻便成了西藏最常见的艺术表达形式。此后，镌刻的技术被转移到木板之类的材料上，发展出刻板印制的风马旗"隆达"和印刷的经书。

无论是谁，一走进印经院的大门，都会被一种古老的历史氛围所打动。这座集寺院与民居风格于一体的建筑，从黏土墙壁、木楼梯、木头门扇，到印刷用的朱砂，再到小院木槽里洗版子的水，都在绛红色的浓淡里变化，那是历史传给藏族文化的颜色。

其他印经院的经版都以黄教（格鲁派）的经文为主，惟有德格兼收各家各派和不同地区作品的精华。历史上德格土司一向奉行兼蓄并存的文化政策，大力扶持各教派，使德格成为名寺高僧的汇聚之地。到民国时期，有宁玛、萨迦、噶举、格鲁、苯教等派别的寺院二百余座，僧尼 3 万多人，其中的 5 座是德格土司的家庙。这样的局面大大推动了德格的宗教和艺术发展。这座印经院，就是德格藏族文化的结晶。它的建立和扩展经历了四代土司，延续了 27 年时间。其主体部分于 1744 年奠基施工，曾以免差的方式征集

> 德格印经院所藏藏文化典籍

> 德格印经院印制的经文

了约 400 名工匠，历时三年零四个月完工。次年为了彩画和雕塑，又调集一百三十多名工匠工作一年，至 1750 年举行开光仪式。1950 年以后，印经院一度改为藏医院。直至“文革”期间，经版被锁起来，全靠一些老工匠仔细照料，大部分经版没遭损坏，才得以形成今天的规模。1996 年，德格印经院被定为国家级文物保护单位，成立了专门的文物管理所，有七八个专职的人员负责研究和保管工作。

经过大殿前的院落，踏上左手的楼梯，便上了二楼。这一层的前部是印刷作坊，后面和左右两厢则为经版库。像这样的经版库，占据了主殿二、三、四层的六七个大小房间，为整个建筑面积的一半。经版库里光线暗淡，隐约看见靠墙一圈都是一层一层的木架子，上边插满带手柄的经版。这些经版库依照门类，分作丹珠尔经、甘珠尔经、大宝佛藏经、般若八千颂、名人经典、萨迦经书、版画、小经版等版库，总共近 28 万块经版，其中 228 814 块是收藏的旧版，1 178 块是从民间收集的，43 599 块是陆续补刻的。制作经版的材料是当地常见的红桦木，在秋天砍伐，经熏烤干燥，放在畜粪里沤制，半年后再经水煮、烘干、刨光成型，才能刻板。刻好的版子要放进酥油里煮熬，才经久耐用。如此密集收藏的版子，防火是第一要务。在甘珠尔经版库的走道尽头，挂着一张绿度母像。传说，当初挂这幅像的时候，没画绿度母的眼睛，那是自己显现出来的。按规矩女人不能进到这个库里，有一天晚上却听见有女人叫“失火啦！”人们赶来，并无女人的影子，才知道是绿度母喊大家来救火，因为她是经版库的保护神。

在这些经版库中，四楼的画版库这个不大的房间共收藏了三千多块画版，大部分年代都超过百年，最老的更达四五百年，比印经院的历史还要长。这些版子可以印制唐卡的底本、民俗活动中使用的风马旗、辟邪符咒、吉祥图案，以及佛教仪式用的坛城图像等。

德格印刷的版画在哪里都受欢迎，它们堪称版画艺术的精品。印经院佛像和经书的购买者主要是藏区的寺院，也有普通百姓。其中销售最多的是《大藏经》，每个寺院都要收藏。老百姓家里有小经堂，也要摆一套供奉在佛龛里。

即使在印刷技术高度发达的今天，德格印经院依旧坚持完全用手工操作的传统雕版印刷工艺。站在四楼的栏杆边往下看，景象蔚为壮观：下面整个楼层的中间都被印刷作坊占据，六十多位年轻人每三人一组，分作10组，以快速的动作持续不断地上墨印经。仔细看，就发现他们的分工很明确，其中一人（巴孜）到经版库取经版，另外两人则相互配合印刷。他们中间放置着一块经版架用以搁置经版，身边摆着白纸架、经纸架、墨盘和印过的经版。只见坐在高凳上的人在经版上拓墨、搁纸、定位，坐矮凳的人先递纸，再双手持布卷滚筒“巴芝”迅速从上到下滚过纸面，如此循环操作。每组印工一次（每块版）印10张，一天要完成2 500张的任务。每张纸要双面印经，所以有5 000页的工作量。亲眼看见这一幕，仿佛时光倒流，又回到了几百年前的德格。

藏文经书分墨汁版和朱砂版两种类型，因印刷的颜色不同而异，像《甘珠尔》、《般若波罗蜜多经八千颂》就要用朱砂印刷。传统的藏墨是用杜鹃树皮燃烧以后的烟灰制作，以水和牛胶调制；朱砂则来自西藏、印度和内地。朱砂版的经书比较珍贵，价钱也比墨版的高许多。

藏纸坚韧洁白，吸墨好，不易污染，可题词绘画，也可糊窗作帐，品质可与高丽的构皮纸媲美，也不输给西洋的纸张。造藏纸用的这种植物叫“狼毒”，康巴藏语称为“阿交如交”，属瑞香科，生长于高海拔的山坡和牛场，是一种毒草，接触多了皮肤会过敏。先把狼毒的根刨出，里边的黄心不能用，用中间白的一层，撕下来刮成细条，晒干，放水中煮1~2小时，捞起来，把料子放到石臼里用木槌打成浆状，再搁到酥油茶桶里捣作纸浆。然后把捞纸框（木框绷纱布做成）摆在水面上，倒纸浆进去，然后慢慢晃动框架，让浆液变得均匀平整，再轻轻提起框架，等水滴完，拿到院子里靠墙斜放，自然晾干。最后把纸从纸框揭下，用石头研光纸面，就可以使用了。但每天只能造五张纸，用来印一点版画和经文。

曾有学者根据唐代文献断定，藏族的造纸法是随着文成公主进藏带去的造纸工匠而发展起来的。但内地传统上用的是一张帘子反复入水池捞纸的“抄纸法”，而西藏则用的是把纸倒进纸框，然后连框一齐搁在露天自然干燥的“浇纸法”，并且两种方法的原料也不一样。有人认为，西藏的造纸应属于以印度佛教文化所影响的印巴次大陆和东南亚的造纸体系，而与汉族地区发明的造纸方式有很大差异。用浇纸法造的纸，质地厚实，不适合柔软的毛笔，却适合藏族、纳西族的硬笔书写，而且能防虫蛀。清代人查礼在《藏纸诗》中如此赞道：

孰意黄教方，特出新奇样。
臼捣柘皮浆，帘漾金精让。
取材径丈长，约宽二尺放。
质坚宛茧炼，色白施浏亮。
涩喜受于麋，明匆染尘障。
题句意固适，作画兴当畅。

> 印经院内工匠在劳作

> 德格印经院的特殊纸张

裁之可弥窗，缀之堪为帐。

何异高丽楮，样笺亦复让。

在过去的二百多年里，德格印经院印制的经文，始终是藏区大小寺院中的珍品，排名藏区三大印经院之首。此外，德格印经院典藏了70%以上的藏族珍贵文献，门类齐全，并以各教派兼容并蓄著称于世。

到目前为止，德格印经院典藏的各类印版近29万块，堪称中国乃至世界藏文化的宝库。而在印经院传承了三百年的传统手工雕版印刷工艺，更是全世界木刻印版领域独一无二的活化石。

木刻印版是德格印经院文物的主体部分，可分为书版和画版两大类。书版根据传统分类可分为六种，即《甘珠尔》、《丹珠尔》、文集、丛书、综合、大藏经单行本。德格印经院所藏的大量书版中，有许多珍本、孤本和范本。最古老的版本《般若波罗蜜多经八千颂》是目前全藏区仅存的孤本，此经版作为档案文献已经于2002年3月被获准首次登录《中国档案文献遗产名录》中。德格印经院所收藏的 376 块旧画版虽然数量不算多，但都很重要且珍贵。德格在历史上是藏族传统绘画门派和“噶玛噶则”派（早期称“噶派”）的重要传承地，特别是“噶玛噶则”画派自 18 世纪以来，已在德格形成了一个中心，并把藏族传统绘画中的“唐卡”艺术融入刻板之中，是德格印经院木质印版的一个重大突破和创新。德格印经院所藏画版大体上可分为唐卡、坛城（曼荼罗）、风马（龙打）三类。

壁画是德格印经院文物的一个组成部分，其壁画主要分布在大、小经堂内和大、小经堂外部墙壁上方。此外，在进门廊道左右和顶部，以及藏经库中的个别墙壁上也绘制有少量壁画。壁画总面积大约为 950 平方米，其中有 95% 壁画为古壁画。在众多壁画中，除藏经库有一幅《绿度母》壁画为早期“门”派作品外，其余均为“噶玛噶则”画派作品。这些作品代表了康区“噶玛噶则”画派的最高艺术成就和风格特点，同时也使印经院成为早期壁画保存较完整的地方之一。

德格土司家族走完 700 年路程后，早已随着摧毁封建农奴制度的历史

> 德格县地形

步伐而寿终正寝了。而作为传承藏族文化的印经院，今日依然屹立在德格县城。德格成为今天康巴标准藏语的发祥地，不能不说与印经院丰厚的文化积淀有关联。

印经院的历史告诉我们：文化是一种世代性的积累。改变民族精神素质是一个过程，在这个过程中，文化起着举足轻重的作用。而作为印版史籍的积累保存者，正是在这个过程中，自觉或不自觉地发挥着文化人也不能替代的作用。印经院的文化底蕴在于它是藏族传统文化的一面旗帜，有了印经院，德格在藏族文化史中就有了沉甸甸的分量。